CÓMO DEJAR DE PENSAR DEMASIADO DESDE HOY

REDUCE EL PENSAMIENTO EXCESIVO Y LA ANSIEDAD

Max Cureton

ÍNDICE

PRÓLOGO

En primer lugar, quiero darte la bienvenida a este viaje que, a partir de ahora, es tuyo. Mi más sincera enhorabuena por tener el valor de invertir tiempo en tu crecimiento personal y en tu paz interior. Los que se atreven a salir de su zona de confort y quieren ir más allá son bastante pocos, así que bravo. Eres valiente, y tienes mucho que aportarte a ti mismo y a tus seres queridos.

Pensar en exceso es algo que ocurre al estar sometidos a demasiadas distracciones. Dicho de otra manera, cuando no vivimos en el ahora. De acuerdo, y ¿qué significa eso? Si pensamos más de lo que sentimos, nos ausentamos del presente; si vivimos con angustia por el pasado o preocupación por el futuro, nos llenamos de tristeza, ansiedad, culpa, ira, rencor... y pensamos en exceso.

Lo que debemos entender cuanto antes es que nuestro cerebro no diferencia entre la imaginación y la realidad. Siente exactamente lo mismo cuando algo ocurre en su vida real que cuando lo imagina. Así que empieza a tener en cuenta ese poder para utilizarlo a tu favor. La gran mayoría de nuestras preocupaciones no ocurren o no llegan a ser tan malas como imaginamos. Entonces, en lugar de preocuparte, ocúpate. En lugar de reaccionar, actúa. Claro está, cuando hablo de evitar reaccionar, me refiero a una reacción negativa.

Puede que pienses que algunos de los capítulos de este libro no estén relacionados con el propósito principal de dejar de pensar en exceso. Pero todos ellos contribuyen directamente de algún modo a tu paz interior y tranquilidad y te ayudarán a centrar tu atención en el momento presente, a reducir gradualmente el ruido mental y a proporcionarte el equilibrio y el bienestar que necesitas.

Déjame que te diga que ninguno de los conceptos que comparto contigo en estas páginas me es desconocido. Todos los he conocido, interiorizado, comprobado e incorporado a mi vida a lo largo del tiempo, por su poder y resultados positivos, a través de mi experiencia, por necesidad, curiosidad y decisión. Es más, muchas de estas técnicas y claves las sigo practicando a menudo en mi vida diaria, ya que siempre hay algo que mejorar o aprender para ser más felices y agradecidos.

Créeme, no tendría la poca coherencia de ofrecerte algo sin saber si funciona o no porque ¿de qué te serviría a ti? y ¿de qué me serviría a mí? ¿qué saco yo con mostrar al mundo algo que no sé si es real, o si es útil?

Si alguien me enseña algo, lo pruebo, me funciona y me resulta útil, es mi deber moral transmitir ese conocimiento a la siguiente persona, para que no se pierda. Del mismo modo, habrá conocimientos que descubrí yo mismo, o que son métodos de otras personas que versioné para adaptarlos a mí, y así yo adaptarme a ellos.

La mayoría de estas técnicas o experiencias están relacionadas entre sí y se complementan o influyen mutuamente, al menos en cierto modo. Habiendo interiorizado y practicado algunas de estas percepciones, descubrirás que tu perspectiva ha cambiado, que puedes observar detalles que antes pasabas por alto, y cómo aquello que antes era desconocido o incomprensible sobre el mundo o sobre ti mismo, ahora se siente claro, cristalino y fácil de comprender o practicar.

"La mente que se abre a una nueva idea nunca vuelve a su tamaño original".

Albert Einstein

Yo mismo, hace algún tiempo, no podía entender ciertos conceptos que muestro hoy. Estaba empezando mi camino de

---

desarrollo personal y había mucha información que absorber. Y todavía tengo mucho que aprender, afortunadamente. Pero así es la vida, y es tan buena maestra que, si no aprendes una lección, te la repite una y otra y otra vez, hasta que la aprendes.

La parte positiva de incorporar cualquiera de estas técnicas o conceptos a nuestra rutina diaria es que desde el momento en que las asimilemos y empecemos a practicarlas, veremos cambios en nosotros en distintos aspectos. Por ejemplo: hacer ejercicio mejora la salud, pero también calma la mente y positiviza el alma. Meditar calma la mente, pero también reduce la presión sanguínea, lo que mejorará tu circulación, concentración, positividad, etc. Y así es con cada capítulo de este libro, podemos provocar un efecto dominó muy poderoso y positivo que nos ayudará a mejorar a todos los niveles.

La sinceridad es la verdadera conexión entre los corazones. Este libro es el puente entre mi vida y la tuya. Una de las mejores y más bellas formas de comunicación entre personas y culturas. No seré yo quien ponga en entredicho el futuro de ese puente ni quien comprometa su resistencia.

Por eso me debo a mi palabra, a mis valores y a mi coherencia para ofrecerte información que merezca la pena compartir y utilizar en tu propio crecimiento.

Al darme cuenta de que esta información era válida para mí, que funcionaba y me ayudaba cuando lo necesitaba, sentí que debía compartirla con más personas. Pero, como todos sabemos, muy pocas personas se dejan ayudar a menos que lo pidan explícitamente. Parece como si fuera una ofensa aceptar la ayuda de alguien. Sería casi como reconocer que no podrías resolverlo por ti mismo, como confirmar públicamente que no tienes los conocimientos que te quieren dar, o como afirmar que necesitas ayuda y, claro, eso podría considerarse "debilidad" en este mundo en el que vivimos.

Pero amigos míos, todos somos más o menos conocedores de un mínimo de información en la vida y completamente ignorantes de casi todo lo demás. En otras palabras, maestros de casi nada, aprendices de todo. ¿Y por qué nos cuesta tanto reconocerlo? ¿Por orgullo, dignidad, apariencias? No sé cuál es la razón más común, pero me parece absurda. Todos, y repito, todos, necesitamos o podríamos necesitar la ayuda adecuada en el momento oportuno, ¿o es que pensamos que los mayores millonarios del mundo, supuestamente los hombres más "exitosos" del planeta, consiguieron llegar donde están completamente solos y sin ayuda de nadie? No señor, no lo creo.

Si caminas solo irás más rápido, si caminas junto, llegarás más lejos".

Proverbio chino

Por eso, creo que hay que bajar la guardia de vez en cuando, al menos a la hora de aprender, dejarse influir, acallar el ego y dejar hablar a los demás. Tenemos que aprender a escuchar sin querer responder. Debemos aprender a escuchar para comprender. A ponernos en el lugar del que habla y asimilar su experiencia.

Y tenemos que dudar, dudar de todo lo que hemos aprendido e incluso de nosotros mismos, para poder evolucionar y adquirir nuevos conocimientos. Esta es la única forma de lograr la evolución y el avance de casi cualquier tipo. Gracias a la asimilación de nueva información que, junto con la combinación de tu ADN y el resto de tus experiencias y datos, dará lugar a nuevas técnicas y a un desarrollo fructífero de tu ser y de tu entorno.

Atrévete a conocer tu estado máximo de bienestar. Un estado óptimo, máximo, en el que tu cuerpo será ligero y resistente, tu energía será fluida y desbordante, tu estado de ánimo será positivo y alegre y tu vida se sentirá diferente, llena de felicidad y abundancia.

Dejémonos llevar. Dejemos de querer ser y dejémonos ser. Dejemos de pensar tanto y dejémonos sentir. Aquí y ahora, todo está bien. En este momento, en silencio, no pasa nada. Si ya dejamos que la mente participe, desordena la habitación. Y entonces es difícil encontrar lo que ya no está en su sitio.

"La mente es como un paracaídas, sólo funciona si se abre".

Albert Einstein

SER AGRADECIDO TE HACE SER FELIZ

La gratitud es algo que está al alcance de todos. No requiere grandes esfuerzos ni mucha inversión de tiempo, pero puede cambiar nuestra vida y nuestra percepción de ella de forma absolutamente radical.

Al dar las gracias, estamos educando la mente para que sea consciente de todo lo bueno que nos rodea. Nos centramos en lo bueno. Estamos siendo capaces de destacar las muchas cosas positivas que hay en nuestra vida.

Seguro que muchos de nosotros hemos oído decir que *"aquello en lo que centras tu atención, es lo que atraes o expandes en tu vida"*. Pero seguro que todos, todos, hemos oído decir que *"las desgracias nunca vienen solas"*. ¿No es curioso? Son como las dos caras de una misma moneda. Si me centro en lo malo, vendrán más cosas malas. Si, por el contrario, me centro en lo bueno, ocurrirán cosas buenas. Y si tú o alguien de tu entorno realmente no podéis ver las cosas buenas que os rodean, deberíais mirar con más atención. O cambiar los ojos con los que miras.

Podemos pensar que no están ocurriendo cosas buenas, o que no hay nada positivo en este momento que podamos percibir. Pero no es así. Tú estás aquí. Estás vivo, y eso ya es algo asombroso. Puedes respirar por ti mismo, y eso es un hecho fascinante. Puedes leer estas líneas, has desayunado esta mañana, has dormido calentito, alguien te ha dado los buenos días, te has podido duchar con agua y jabón, has vuelto del trabajo, tienes dinero para cubrir tus necesidades, cenaste anoche delicioso, puedes caminar usando tus dos pies, etc, etc, etc. ¿Sigues pensando que no hay nada positivo en tu vida?

No necesitamos compararnos con la vida de los demás. De hecho, es desagradable como dice el refrán, pero hagámoslo por un simple momento. ¿Cuántas personas hay pobres en el mundo? ¿Cuántas pasan hambre, frío, están en medio de una guerra, sufren? ¿Y, a pesar de todo esto, tienen en sus hermosos rostros la sonrisa más grande y brillante posible? Vaya... es algo para meditar con calma. Ellos, que tienen "tan poco" y nosotros que tenemos "tanto"... Ellos sonríen y se descalzan en el barro, nosotros lloramos desde nuestro "palacio". La depresión, el aburrimiento y la pereza son problemas de Occidente, del primer mundo. Son problemas causados por los excesos. Por el exceso de placeres superficiales y fugaces, por el exceso de estímulos vacíos y perecederos, y por el exceso de confort. Sí, comodidad. Rutina y comodidad, enemigos de la creatividad y de la evolución humana. Creadores de la falta de valores y de apreciación de nuestras vidas y de nuestro entorno.

Cuanto más tenemos, más queremos. Y, cuanto más queremos, menos valoramos.

"No es más rico el que más tiene, sino el que menos necesita".

San Agustín

No es cuestión de tener demasiado poco. O quizá sí. Es más una cuestión de valorar lo que tienes o lo que eres. No es tener lo que quieres, es querer lo que tienes.

Cuando eres capaz de ver la abundancia infinita que te rodea, todo está bien. Todo es suficiente. Todo es una bendición, una fortuna, una suerte, un regalo, un tesoro. Y tú eres el afortunado que puede disfrutarlo. Sólo tienes que quitarte la venda de los ojos y dejar de compararte con quienes crees que tienen "más" que tú. Echa un vistazo al capítulo *"El placer por el placer"* para comprender que no es oro todo lo que reluce. No todos los "ricos" son felices. Pero puedes ser feliz siendo agradecido. Se puede ser "rico" sin ser millonario. Puedes sentir la fortuna de la inmensa abundancia en tu vida, sentado en el parque sintiendo el sol en la cara. O paseando bajo la lluvia con tu mascota un domingo. O nadando en el mar o en la piscina sintiendo cómo tu cuerpo flota ligeramente desobedeciendo a la gravedad.

Hermano, ¡estás vivo! Estamos aquí y eso ya es una sensación maravillosa, ¿verdad? Dile a tu mente que se tome unas vacaciones y centra tu atención en el aquí y ahora, ¿no hay innumerables razones para dar gracias hoy? Da gracias, pues. Al universo, a Dios, a Buda, a Alá. A tu madre, a tu padre, a tu hija o hijo, a tus hermanos o hermanas. A tu vecino, al panadero, a tu compañero de trabajo. En soledad o en compañía. Dilo, siente el poder de la gratitud. Observa cómo, cuando sientes, cuando expresas gratitud y la exteriorizas, el universo te devuelve su energía de inmediato y los pelos de tu cuerpo se erizan. Y todo esto no es sólo porque quieras atraer cosas buenas, sino también para que puedas ver todas las cosas buenas que ya están en tu vida sin esperarlas.

Ejercicio:

Cuando nos levantemos de la cama, hagamos un ejercicio sencillo. Después de ir al baño o de lavarnos los dientes y beber agua, sentémonos en un lugar donde estemos cómodos. Cerremos los ojos y coloquemos la mano derecha sobre el corazón. Respira lenta y profundamente un par de veces y siente tu cuerpo. Ahora, da gracias por todo lo que deseas. Por lo que te sientas bendecido o afortunado de tener o ser. Da gracias por tu vida, por la comida, por tu casa o tu trabajo, por tu familia y amigos, por tu salud, por haber mejorado como persona o por querer mejorar, por ser generoso o decidido, por ser sincero o sensible, o simplemente da gracias por querer dar gracias.

El sentimiento instantáneo debe ser muy positivo. Estamos transmitiendo a todo nuestro organismo, cuerpo, mente y alma, el poderoso mensaje de que estamos agradecidos por todo lo que nos rodea. Cada célula de nuestro cuerpo recibe la información de que estamos bien, felices y rodeados de abundancia. Es algo maravilloso. Y es un ciclo que se alimenta positivamente de sí mismo.

Repite este ejercicio durante un mes y observa los cambios en tu comportamiento, en tu actitud hacia los demás o hacia los problemas o situaciones que suelen afectarte negativamente. Sé que te ayudará a verlo todo con otros ojos y a reforzar tu actitud de positividad y fortaleza.

Este ejercicio cambiará la perspectiva con la que vemos la vida y programará positivamente tu subconsciente para que, poco a poco, los pensamientos inconscientes y automáticos de nuestra mente sean cada vez más positivos, y no hagan más que reafirmar nuestra felicidad.

AQUÍ Y AHORA

"Vive el ahora". "Carpe diem." "Aprovecha el momento". "Disfruta de la vida". Todos hemos oído estos dichos publicitarios, pero ¿somos capaces de llevarlos a la práctica?

Vivimos en una época en la que nos bombardean los estímulos y la información, en la que hay cientos, si no miles, de formas de acceder a nuevos "conocimientos" al instante y desde casi cualquier lugar del mundo.

Pero, ¿es eso bueno o malo? Dicen que todo es malo en exceso y, en la mayoría de los casos, suele ser así. Personalmente, creo que el exceso de información es malo, porque ocurren dos cosas:

Primero: la información recibida no se valora en absoluto, ya que es tanta y se consume tan rápidamente que va y viene en un abrir y cerrar de ojos. Mientras intentamos procesarla, ya estamos recibiendo la siguiente.

Segundo: nos abstraen totalmente del momento presente. Son una distracción continua y, aunque a veces esta tecnología o información nos acerca a los seres queridos que están lejos, también nos aleja de los que están cerca de nosotros. De este modo, nos ausentamos del ahora, que es lo único que realmente "nos pertenece".

Imaginemos por un momento a una niña nacida en una familia adinerada. Cada año, en su cumpleaños, en su santo, en Navidad, recibe una inmensa cantidad de regalos, de todas las formas y colores, sin reparar en gastos. Sus padres quieren que su hija tenga lo mejor y que no le falte de nada, o tal vez creen que es una buena forma de educar a su hija, rodeada de una supuesta abundancia, aunque sólo sea material.

En la mayoría de los casos, el niño crecerá malcriado y sin capacidad para apreciar nada. Ha tenido tantos estímulos y regalos que pronto se cansa de todos ellos. Necesita más y más sensaciones para seguir sintiendo ese placer que le produce abrir un nuevo regalo o comprarse un nuevo par de zapatos. Todo es cuestión de hormonas y del efecto que tienen en el cerebro humano. Ese subidón de dopamina se va tan rápido como llegó y al cabo de un tiempo sientes el vacío y necesitas más y más para no tener que pararte a analizar lo que te está pasando. Sin duda es una adicción y un problema muy común hoy en día. Hablaremos más sobre este tema más adelante, en el capítulo "El placer por el placer".

Imaginemos ahora el caso contrario: una niña que nace en una familia humilde, al borde de la pobreza, donde todos ayudan en las tareas domésticas, donde tienen mucha suerte si consiguen poner comida en el plato una o dos veces al día durante todo el mes. A la niña le encanta ayudar a sus padres. No tienen televisión, así que pasa el tiempo hablando con su madre, leyendo y jugando con su única muñeca, que ya tiene varios años y está rota y descosida. Si, por suerte, el día de su cumpleaños sus padres consiguen ahorrar un poco de dinero y le regalan una muñeca nueva, ¡imagínate su sorpresa! Saltará de alegría, correrá por el salón y abrazará a sus padres, llorando de alegría y dándoles las gracias. Como esta niña no está acostumbrada a este tipo de estímulos, no vive inconscientemente, consumiendo sin control, sino que su mente está en el ahora y vive el presente sin distracciones ni placeres vacíos. Por lo tanto, valora lo que se le da, lo que le pasa, lo que vive con sus padres. Esta niña será posiblemente una gran persona y será feliz con poco o incluso con menos.

Eso es lo que nos ocurre con nuestro presente. Estamos expuestos a tantos estímulos y a tanta información que nos llega a través del móvil, las redes sociales, el correo electrónico, las llamadas, las películas, las series, el trabajo, las noticias y la prensa... que, por ejemplo, cenar con nuestra pareja ya no nos parece importante ni merece la pena. Eso es porque vivimos distraídos, ausentes, sobrecargados de estímulos vacíos, con la dopamina desequilibrada, viviendo con el piloto automático. Y, de hecho, lo que pasamos por alto puede ser lo que realmente más importa.

Las grandes empresas publicitarias no ganan nada si eres feliz. Ganan si consumes, si sientes una fugaz y efímera "felicidad" o, mejor dicho, placer, al comprar y consumir sus productos. Pero, si eres feliz, hermano, no hay pantalón roto ni móvil viejo que te lo quite.

Si estableces una base sólida para tu felicidad, tu vida será estable y tendrá un propósito, sin necesidad de estímulos externos que la motiven temporal o falsamente.

Y no necesitarás el último móvil, ni la camiseta de moda, ni la colonia del actor famoso, ni el coche que anuncian en la tele. Ya serás feliz y estarás completo. Y, si alguna vez decides comprar alguna de esas cosas, las disfrutarás y las valorarás como lo que son, algo efímero y material que no define tu identidad, ni tiene nada que ver con tu felicidad.

Ejercicio:

Cuando te sientas distraído, enfadado o, sobre todo, cuando te asalten pensamientos negativos, toca la pared más cercana. Respira profunda y lentamente mientras lo haces. Ahora centra tu atención en lo que sientes: ¿la pared está fría o caliente? ¿lisa o rugosa? ¿qué sientes al tocarla? ¿firmeza? ¿control? ¿apoyo?

Y ahora, dime ¿dónde está ese pensamiento negativo o esa ira que te consumía?

Esta es una buena forma de educar nuestra mente para que no nos maleduque. Es una forma de demostrarle que hay ciertas cosas que cree que no nos gustan y que no pensamos hacerle caso cuando nos las recuerde.

Si no, ¿cómo crees que los grandes hombres y mujeres de éxito han llegado a serlo escuchando sus miedos, inseguridades y pensamientos negativos? No lo creo.

"Aunque nadie puede volver atrás y hacer un nuevo comienzo, cualquiera puede empezar ahora y hacer un nuevo final".

Carl Bard

Reflexionemos unos instantes: ahora es cuando todo sucede, cuando podemos hacer algo por nuestro futuro, cuando debemos hacer cosas que nos enorgullezcan hoy y, mañana, aún más. No esperes a que te cuenten la película de tu vida, sé tú el director, el actor y el guionista.

"Sólo hay dos días en el año en los que no se puede hacer nada. Uno se llama ayer y el otro mañana. Por lo tanto, hoy es el día ideal para amar, hacer, crecer y, sobre todo, vivir."

Dalai Lama

¿CÓMO SER POSITIVO?

"Hay que ser positivo", dicen. Pero a veces puede resultar bastante difícil. Sobre todo, en los días que estamos viviendo últimamente. Por eso es más importante que nunca que aprendamos a crear, a sentir y a contagiar positividad, y a tenerla como actitud principal ante la vida, porque nos puede ayudar en más de uno y en más de diez momentos al día.

No todo sale según lo previsto, o más bien no a menudo. Hay resultados diferentes de los esperados, y las consecuencias no suelen ser agradables si escapan a nuestro control. Al menos, así es como estamos acostumbrados a verlo. Pero ¿cuántas veces hemos oído aquello de que "*no hay mal que por bien no venga*"? Y, desde mi punto de vista, hay mucho de cierto en ese dicho, porque muchas cosas buenas suceden después de acontecimientos que interpretamos como "malos".

"Se me ha estropeado el coche". Por supuesto, eso es un fastidio: hay que pagar al mecánico y tendremos que buscar otro medio de transporte mientras lo arreglan, o tendremos que levantarnos de la cama un poco antes para usar el transporte público y llegar a tiempo al trabajo. Pero, si mantenemos nuestro positivismo e intentamos mantener las vibraciones altas, quizá después de dejar el coche en el taller, en lugar de ir corriendo al metro y olvidarte de él, decides disfrutar del momento y relajarte, y te invitas a desayunar en una cafetería que nunca antes habías visto, ¡y de repente te encuentras con un antiguo compañero de clase con el que hacía años que no hablabas! Recordáis viejos tiempos, os ponéis al día y, por arte de magia, surge la oportunidad de participar en un proyecto empresarial conjunto. ¡Vaya! Increíble, ¿verdad? Menos mal que se me ha estropeado el coche.

O pongamos otro ejemplo: *Estás en el trabajo atendiendo a los clientes, llevas allí cinco años y hoy parece un día más en el calendario. Haciendo las mismas operaciones de siempre, diciendo casi las mismas frases, aburrido o desmotivado... Pero, si de repente sales del bucle en el que estás metido, prestas un poco de atención al presente e intentas ser más agradable de lo habitual, o preguntas al cliente por su vida o su día, ¡mágicamente todo se transforma! Al instante, todo se vuelve mucho más interesante y agradable, habláis de todo y de nada, encontráis cosas en común, soltáis algunos chistes y os reís, ¡y apenas os conocéis! Quizá también te proporcione algunos contactos nuevos con los que podrías ampliar tu negocio. Y todo gracias a intentar ser positivo y prestar atención al momento presente.*

Es cierto que hay muchos pensamientos que surgen espontáneamente de nuestra mente y sobre los que no podemos tener ningún control, al menos de momento, pero lo que sí podemos elegir es prestarles atención o no.

"Si no te gusta algo, quítale el único poder que tiene: tu atención".

Carolina Herrera

Ejercicio:

Siempre que algo malo cruce la delgada cortina entre tu subconsciente y tu consciente, cuando te hayas dado cuenta de que surge, ignóralo. Dedícate a otra cosa. Barre, canta, haz ejercicio, pon música alta y baila. A mí me funciona tararear. Mi mente me susurra algo malo o negativo, y empiezo a tararear lo que sea. Una melodía inventada, una melodía conocida, lo que sea. "Nana nananaaa nana nana naaa..." y de repente desaparece. El mal pensamiento desaparece. Se ha cansado de que no le hicieras caso y se ha ido. Has ganado esta batalla, pero la guerra continúa. La diferencia es que, ahora, tienes la estrategia defensiva adecuada para salir indemne. No resistencia, aceptación, sentir más y pensar menos.

Escucho lo que dice la mente y, si no me aporta nada bueno, no me interesa, así que desvío mi atención hacia otra cosa. Sonrío, hago la lista de tareas de hoy o empiezo a calentar para hacer ejercicio. Hablaremos más de este conocimiento en el capítulo "Contacto presente".

Otra técnica para reeducar nuestra mente es la siguiente: cada vez que sientas, o mejor dicho, pienses, algo negativo o que no te aporte nada positivo a ti o a los demás, obsérvalo. Analízalo. Hazte las siguientes preguntas y contesta aquí mismo en tu libro si te sientes así:

Ejercicio:

¿Por qué pienso eso?

¿Realmente lo creo o es sólo un arrebato sin sentido y no lo que pienso o lo que me gustaría hacer?

¿Es este pensamiento constructivo o destructivo?

¿Sirve o servirá de algo, para mí o para los demás, que diga ese pensamiento en voz alta o que lo convierta en una acción?

Y, para mí, la más importante de todas:

Si estoy viendo aparecer ese pensamiento, ¿quién lo está pensando?

Confundimos nuestra mente con nuestra identidad y, desde mi punto de vista, esto es un gran error. Nuestra mente está gobernada por nuestro subconsciente, y nuestro subconsciente está gobernado por la acumulación de experiencias y conocimientos adquiridos a lo largo de nuestra vida. Hay imágenes, conceptos, reglas o hechos que están grabados en nuestro subconsciente y de cuya existencia, en su mayor parte, no somos conscientes. Pero influyen enormemente en nuestra forma de actuar, reaccionar, juzgar y vivir la vida. Creo que es motivo más que suficiente para querer seguir investigando más sobre el tema. Sobre todo si sabemos que hay algún comportamiento o actitud impulsiva inconsciente que no nos hace ningún bien ni a nosotros ni a los que nos rodean. Es el momento ideal para aprender. Para observar, analizar, aceptar, practicar y mejorar.

"La herida es el lugar por donde entra la luz".

Rumi

O, en otras palabras, cada experiencia que vivimos tiene el potencial de darnos el aprendizaje que necesitamos. Pero sólo si estamos alerta. Humildes y atentos, el mundo se abre de par en par y nos muestra sus infinitas posibilidades. Y, recuerda, si hay algún lenguaje en común con el resto de la gente de este planeta, es la sonrisa.

¿No crees que merece la pena esforzarse y centrarse en ser positivo?

EL PODER DE LA MEDITACIÓN

¿Qué pensaría si le dijera que tiene la posibilidad, el poder y la fuerza de aumentar su bienestar y su salud cambiando de mentalidad? Suena genial, ¿verdad?

Gracias a la meditación, podemos reducir el estrés y el agobio de la vida cotidiana. Olvidamos las preocupaciones que nos acompañan y, cuando volvemos a enfrentarnos a ellas, lo hacemos con otros ojos. Nos damos la oportunidad de volver a conectar con nuestra naturaleza interior, donde reinan la calma y el bienestar.

"Le preguntaron al Buda: ¿qué has ganado con la meditación? Respondió: nada. Sin embargo, te digo que he perdido la ira, la ansiedad, la depresión, la inseguridad y el miedo a la vejez y a la muerte."

Sabiduría budista

Cambios en nuestro organismo gracias a la meditación

- Reduce la presión sanguínea, induciendo un estado de calma.

- Activación de ciertas partes del cerebro relacionadas con el amor, la empatía y la compasión.

- Mejora nuestra coordinación y concentración, nuestra memoria y nuestra estabilidad emocional.

- Disminuir los síntomas de ansiedad y depresión.

Ya existen numerosos estudios científicos que avalan este tipo de práctica. Gracias a las pruebas de escáner cerebral, los científicos pueden observar claramente las zonas del cerebro que se ven afectadas durante la meditación. Y los resultados son fantásticos y absolutamente positivos. Así que ya hay pruebas científicas e irrefutables de que practicar la meditación nos da el poder de cambiar nuestra mente. Y para mejor.

Otros cambios positivos provocados por la meditación

- Mejora nuestra capacidad para dormir fácilmente.

- Alivia la tensión muscular.

- Disminuye la producción de cortisol, la hormona del miedo y el estrés.

- Reduce las posibilidades de contraer cáncer al oxigenar el organismo.

- Nos ayuda a desconectar y a relajar la mente.

- Mejora nuestra salud en general.

Realmente creo que deberíamos practicar la meditación a menudo, desde una edad temprana. Porque los cambios en nuestra calidad de vida y en la forma de relacionarnos con los demás serían espectaculares, no sólo a nivel individual. Seguramente, la sociedad evolucionaría positivamente en su interacción con la naturaleza y dedicaría más atención al impacto que deja en el medio ambiente. Posiblemente nos cuidaríamos mejor, también nos alimentaríamos de forma más consciente, seguiríamos una dieta alcalina sin causar tanto dolor a miles de millones de animales en granjas y procesos industrializados.

Y sólo gracias a unos minutos al día dedicados a ti, a estar en silencio, a cultivar la calma y olvidarte del estrés. No suena tan complicado, ¿verdad?

Primeros pasos para meditar

Nadie nace sabiendo. En algún momento tendremos que empezar y aprender, como todo el mundo. El proceso de aprendizaje es algo precioso, nos ayuda en nuestra evolución y nos prepara mejor para los acontecimientos venideros.

Disfruta de esta novedosa experiencia que puede aportarte muchos beneficios para mejorar tu salud y bienestar de forma natural.

Es tan sencillo como sentarse con la espalda recta mientras se escucha música relajante, mejor sin letra. Respira lenta y profundamente y disfruta de tu momento de paz, mientras intentas sentir más y pensar menos. No se trata de no pensar y sentirse mal por hacerlo, ya que eso es automático. Se trata de, una vez que surge un pensamiento, no prestarle atención y poder centrar nuestra atención en la música, en nuestro cuerpo, en nuestra respiración. También puedes ayudarte al principio con aromaterapia o aceites esenciales.

A continuación, te muestro diferentes variantes de meditación para que empieces a practicar:

Formas de practicar la meditación:

Mirar una imagen: simplemente observando una foto, un dibujo o la propia pared. Respirando lenta y profundamente, alcanzaremos un estado de relajación y calma.

Escuchar o recitar un mantra: la energía es vibración, y la música es vibración. Uno de los objetivos de la meditación es elevar nuestra vibración, así que escucha música relajante o recita mantras, y obtendrás esa energía positiva y pacífica que buscas.

Concentración en la respiración: es la más común de todas, o la más conocida, pero cada persona suele sentirse mejor en un tipo de meditación. Simplemente siente el aire que entra en ti cuando inhalas y el que sale cuando exhalas. Concéntrate en su trayectoria, en la sensación que recibes, en todo el sentimiento.

De nuevo os lo recuerdo: lo importante para ver resultados, como en todo, es la perseverancia. Poco a poco veremos cambios increíbles en nuestra forma de ser y de actuar, y cambios muy buenos, te doy mi palabra.

Estos son algunos de los tipos básicos de meditación. Pero hay otras diferentes y también combinaciones entre ellas, la cuestión es que todas requieren una respiración profunda y un entorno tranquilo y sin distracciones donde poder practicar.

Empieza a practicar la meditación:

Practica por tu cuenta: investiga, siente, prueba las distintas modalidades, verás que es muy interesante.

Lee un libro o mira un tutorial de vídeo: vivimos en la era de la información, tienes cientos de posibilidades para acceder al conocimiento que buscas, sólo tienes que empezar.

Consulta a un amigo que sepa meditar: seguro que conoces a alguien que conoce a alguien que medita. Si quieres conseguir algo, no hay excusas.

Participa en un curso: hay cientos, si no miles, de cursos diferentes de meditación y conciencia que se imparten en distintas partes de tu país. Infórmate y pruébalo. Tienes muy poco que perder y mucho que ganar.

Meditación Pranayama

Quiero mostrarte una de las meditaciones que más me han gustado y funcionado desde que empecé a practicar. Es un tipo de meditación Pranayama, y es muy sencilla.

Ejercicio:

Siéntese con las piernas cruzadas, la espalda recta y los hombros relajados. Tápese una de las fosas nasales mientras inspira lentamente por la otra. Ahora destapa ese lado y tápate el lado por el que has inspirado. Exhale lentamente por el lado libre y, sin prisas, vuelva a inspirar por el lado por el que ha inspirado. Cambia de lado. Y así sucesivamente.

Respiraciones lentas y profundas, disfrutando de la calma y el silencio que nos rodea.

Este método de respiración equilibra nuestros dos hemisferios cerebrales, como si pronunciáramos el famoso OM en un mantra. De ese modo, equilibraremos nuestra energía más fácilmente y alcanzaremos un gran estado de relajación sin problemas.

Meditación en acción

Poco a poco, notarás que estás más tranquilo, duermes mejor y no te estresas con tanta facilidad. O quizá ya no tengas tanta prisa por llegar al trabajo y, en cambio, disfrutes más de la carretera o de la música de la radio.

Ejercicio:
Puedes poner en práctica esta técnica en cualquier momento del día, te ayudará a relajar la mente, calmar la ansiedad y el estrés, y también mejorará tu concentración y tu capacidad para tomar decisiones.

Cuando los pensamientos negativos lleguen de forma automática o inconsciente, simplemente siente tu cuerpo, sé consciente de él, respira profundamente y siente el aire que entra en ti. Presta atención a la sensación de tus brazos, de tus pies, de tu cuerpo en general.

Y de repente el pensamiento negativo desaparece. Se ha ido. Has ganado esta batalla, pero ahora estás listo para la guerra. Es decir, si buscas la paz. O eso dicen, ¿no? Que tengas un buen día y disfrutes de la preciosa aventura de la meditación, hermano o hermana. Paz.

COMPÁRATE CON TU "YO" DE AYER

Desde pequeños nos acostumbramos a compararnos con los demás. Es algo casi inconsciente y automático, un impulso de nuestro comportamiento que realmente no aporta nada positivo a nuestra vida ni a nuestra felicidad.

Muchos compañeros de clase tenían un juguete y tú no, así que ibas llorando a mamá o papá para que te lo compraran. Tenías que ser como ellos, tener lo que ellos tenían porque, si no, te sentirías diferente. ¡Vaya... diferente! Qué terrible es ser diferente, ¿verdad? Eso es lo que hemos pensado toda la vida, o lo que nos han hecho pensar.

Si eras bueno en literatura e idiomas, pero malo en matemáticas, te metían en una clase de refuerzo de matemáticas, para que tuvieras el mismo nivel que los demás, para que no te diferenciaras de los demás. Pero, desde mi punto de vista, eso es una tontería. Nadie es igual a los demás, por mucho que lo intente. Hay diferentes tipos de inteligencia y la inmensa mayoría de nosotros sólo tenemos algo de inteligencia en una cosa u otra, no en todas, así que somos diferentes. Entonces, ¿qué sentido tiene esforzarse tanto por ser iguales? Es la forma más eficaz de perder tu identidad y de ahogar la creatividad, de hacerte olvidar el talento y la habilidad que la vida te dio en un campo u otro.

Si alguien es malo en matemáticas y bueno en literatura, no le pongas en clases de refuerzo de matemáticas, ¡sino de literatura! Sólo así podrá desarrollar su potencial en aquello que le diferencia de los demás. Si pretendemos parecernos a los demás corremos el riesgo de conseguirlo, y luego, cuando consigamos lo que tenía esa persona, si es que lo conseguimos, ¿crees que te llenará, es eso lo que querías conseguir o lo que quería la persona a la que querías parecerte?

Si te comportas como alguien que no eres, atraerás lo que no te conviene. Atraerás lo que se adapta a tu carácter, a tu disfraz, no a tu verdadera esencia.

Desde que somos jóvenes buscamos integrarnos, formar parte de algo, sentirnos apoyados y socializar. Nada de esto es malo, salvo que perdemos nuestra identidad. Casi todos nos forjamos inconscientemente una armadura que nos protege de los "ataques" del mundo exterior. Fingimos ser duros e insensibles, para no mostrar ninguna debilidad y no ser una presa fácil. Es triste pero cierto, dependiendo de la zona, el país y las condiciones en las que uno haya crecido, esto es cierto en mayor o menor medida. Es una forma de autoprotección, de supervivencia emocional, es algo que no se dice, pero prácticamente todos lo hacemos, al menos en el primer mundo.

Si muestras lo que sientes, pueden usarlo en tu contra, si cuentas demasiado de ti, te envidiarán y juzgarán, etc. Incluso la gente, cuando llora en algún evento, programa o similar, ¡pide perdón! Incluso la gente, cuando llora en algún evento, programa o similar, ¡pide perdón! ¿Perdón por qué? ¿por estar vivo, por sentir? Me parece triste que una persona se avergüence por sentir, por mostrar su lado "vulnerable". A mi modo de ver, llorar o reconocer tus sensibilidades no te hace débil, te hace fuerte y real, maduro y consciente, y no veo nada malo en ello. Si veo una película o un documental, con una escena dura o tierna que me hace sentir, lloro y me da igual quién esté delante, si mi pareja o un teatro lleno de gente.

Sentir es bueno, es bello, es humano, y te permite valorar la vida desde otros puntos de vista y observar esos pequeños detalles que hacen grande el presente, pero, sobre todo, sentir te diferencia de un mundo que, a veces, puede ser hostil y frío.

Reconocerte a ti mismo con tus rarezas y defectos, con tus virtudes y talentos, es uno de los procesos más gratificantes que existen. Después de deshacerte de tu armadura, podrás ver el mundo con tus verdaderos ojos, podrás atraer lo que se adapta a tu verdadero yo, no a tu caparazón.

Somos igual de diferentes, parecidos pero diferentes y todos, créanme, todos, somos raros. ¿Qué manía tiene este mundo de que seamos normales? Nadie lo es. Si gastas tu tiempo y tus esfuerzos en intentar ser como los demás, te olvidarás de ser tú, si malgastas tu vida comparándote con los demás, no podrás apreciar lo mucho que has evolucionado y lo mucho que has aprendido durante todo el proceso.

"Enfrentarse al pánico es impotente, no hay competencia, sólo contra tu versión del ayer".

Lobo indio

Es más, compararte con los demás es una de las formas más eficaces de impedir que la felicidad arraigue en tu vida. Porque estarás pensando en lo que tú no tienes y esa persona sí tiene, pero pasó por otro proceso para conseguirlo, y probablemente signifique algo muy diferente para ella que para ti. No podemos compararnos con nadie simplemente porque no somos como nadie. No nacimos ni crecimos en sus términos, no recibimos la misma educación ni tenemos los mismos padres, el mismo ADN, la misma mentalidad o forma de ver o hacer las cosas. Entonces, ¿por qué querría lo que tiene esa persona, por codicia, por envidia?

Si quiero ser otra persona, ¡que así sea! Pero entonces sé una versión mejor de ti mismo, no la misma versión que es otra persona.

Si no te gusta algo de ti, cámbialo, si no puedes, acéptalo. Y lo que te gusta de ti, trabájalo, mejóralo, amplíalo, conviértelo en tu firma y en tu sello. Si te comparas con alguien, hazlo para aprender algo bueno, no para envidiarle o sentirte mal por tu situación actual.

"Sé tú mismo. El resto de los papeles ya están elegidos".

Oscar Wilde

Sé por experiencia propia que, siendo uno mismo, las relaciones serán más sinceras, los amigos más leales y afectuosos y la vida más feliz y abundante.

Ay de aquel que confunde su disfraz con su identidad, su mente con su verdadero yo, su ego con su esencia. Somos, no creemos que somos. Por supuesto, si quiero ser de una forma u otra y hago lo necesario, al final acabaré siendo así, pero no es eso lo que quiero decir ahora. Quiero decir que somos más sentir que pensar, más ser y dar que tener, más ahora que antes o después, más presentes y conscientes que distraídos y ausentes.

Ejercicio:

Este ejercicio es muy similar al propuesto en el capítulo "Crítica y queja". Es sencillo, cuando percibas que te estás comparando mental o verbalmente con alguien, detente. Obsérvese. Pregúntate la razón de esta actitud.
Quizá sea envidia, celos, frustración. Nada de eso es positivo. Detente y respira. Mira tu vida y todo lo que has conseguido para llegar hasta aquí. Tienes casa, comida, amigos, salud y seguramente mucho más... y ya es más de lo que tienen la mayoría de nuestros hermanos y hermanas humanos del planeta.

¿Y vamos a ser nosotros los que no valoremos lo que tenemos? No. Niégate rotundamente a dejarte llevar por esos pensamientos que no traen nada bueno. Sólo por el hecho de haber nacido, ya eres un ganador. Fuiste elegido entre cientos de millones y lograste llegar al huevo, entrar, crear vida y nacer.

Tú eres grande. Seas como seas, eres grande. Repítelo conmigo "SOY GRANDE". Otra vez, quiero oírlo bien "SOY GRANDE". Ahora con pasión, una vez más "SOY GRANDE". Ahora sal ahí fuera y triunfa. El mundo es tuyo.

CRÍTICAS Y QUEJAS

"¡Qué día hace!", "¡estúpido, mira por dónde vas!", "ese tío es un...", "no quiero ir a trabajar", "tengo que hacer eso y no lo soporto", "odio mi trabajo, pero es lo que hay", etc.

Estas y cientos, mejor dicho, miles de otras críticas y quejas, mucho más fuertes y con peores palabras, son las que estamos acostumbrados a oír o decir, día, tras día, tras día. De hecho, incluso hay frases y refranes populares que contienen más de una palabra o frase negativa e, inexplicablemente, forman parte de nuestra cultura.

Realmente son un derroche de energía. Literalmente.

Si dedico aunque sólo sea una pequeña parte de mi tiempo a recordar lo poco que me gusta mi trabajo, me sentiré mal sólo por decirlo, y me sentiré así desde el momento en que lo diga hasta que salga de la oficina o de mi trabajo y deje de trabajar. Y durante todo el proceso, habremos creado un recordatorio mental que nos está diciendo: *"esto no me gusta", "vaya mierda", "¿por qué no soy capaz de buscar otra cosa?"* y otras frases condescendientes, autocompasivas y emocionalmente devastadoras.

Si bien es cierto que es normal que nos moleste algo o muchas cosas en nuestra vida cotidiana, hay formas y formas de afrontarlo, o mejor dicho, hay dos formas de actuar: o aceptarlo o cambiarlo.

Si es algo que no puedo cambiar y ya sé que no me gusta, ¿por qué darle más tiempo en mi vida? ¿Por qué afirmar nuestro disgusto con palabras? Eso sólo reafirmará nuestro malestar y no solucionará nada, sino que lo empeorará. Hará la tarea mucho más larga y agotadora, las horas se harán eternas y el tic-tac del reloj se ralentizará aún más de lo habitual.

Puede parecer que nos estamos desahogando y soltando lastre, pero, en mi opinión, estamos reafirmando y consolidando ese mal rollo y dándole poder sobre nosotros, alterando negativamente nuestra energía, vitalidad y positividad.

Debemos tener en cuenta el poder de nuestras palabras, ya que lo que exteriorizamos con palabras, tiene el poder de afectarnos positiva o negativamente. No permitamos que algo que no nos hace sentir bien permanezca en nuestras vidas más tiempo del necesario. Nos merecemos algo mejor. Tú te mereces algo mejor.

Todavía hoy, me sorprendo en medio de una queja y, antes de decir un adjetivo calificativo desagradable, me callo a mitad de frase, o la termino con un *"no me gusta"*, en lugar de utilizar un adjetivo descalificativo o malsonante, lleno de ira y en el que invertiremos parte de nuestro tiempo y energía que nunca recuperaremos.

Poco a poco, vamos entrenando a nuestro subconsciente para hacerle entender que no nos gustan las quejas y las críticas, que son inútiles y que no les dedicaremos ni un segundo más de nuestra vida. De esta forma, conseguiremos detener el flujo constante de negatividad que puede salir de nuestra mente de forma inconsciente y automática.

Ejercicio:

Cada vez que te des cuenta de que una queja o una crítica destructiva está a punto de salir de tu boca, detente. Analízala. Obsérvate a ti mismo. No juzgues, no expreses una palabra negativa, no des poder sobre ti a lo "malo" que ya ha pasado. Canta, tararea, haz flexiones, baila o habla de lo que tienes que hacer hoy. Cambia el chip. Cambia radicalmente el tema de tu mente. No dejes que ese sentimiento negativo arraigue en tu día.

Y si ya has dicho esa queja, crítica o palabra negativa, cambia de tema de todos modos, centra tu mente en otra cosa. No le prestes atención, no lo desarrolles. Porque, aunque lo malo que haya ocurrido no sea culpa tuya, acabarás pagando las consecuencias. Y aunque no lo creas o no lo pienses, habrá sido tu decisión.

Sí, casi nunca puedes decidir lo que ocurre a tu alrededor, pero siempre puedes elegir cómo "te hace sentir". Porque eres tú quien decide sentirse así. Por eso ya nunca digo "eso me molesta", "me pones nervioso", etc. Porque soy yo quien se molesta, soy yo quien se pone nervioso, soy yo quien, inconscientemente, me dejo llevar por ese impulso y decido, automáticamente o no, rendirme a ese torrente de emociones y hormonas que me hace sentir fuerza tras el enfado, seguridad tras la crítica, poder tras el rechazo a lo desconocido.

"Un discípulo llegó muy agitado a casa de Sócrates y le dijo:

¡Maestro! Debo contarle cómo un amigo suyo hablaba mal de usted.

A lo que Sócrates replicó rápidamente "¡Espera! ¿Has pasado ya por los tres filtros lo que vas a decirme?

¿Los tres filtros? -preguntó sorprendido el alumno.

Sí", respondió Sócrates, "el primer filtro es la VERDAD". El primer filtro es la VERDAD. ¿Sabes con certeza si lo que quieres decirme es verdad de principio a fin?

No -respondió el discípulo-, lo he oído a unos vecinos.

Entonces al menos lo habrás pasado por el segundo filtro, la AMABILIDAD. Dime, ¿es bueno lo que quieres decirme?

No, en realidad no... es lo contrario.

Ah -exclamó Sócrates-, veamos entonces el último filtro. ¿Necesitas hablarme de él?

Para ser sincero, no es realmente necesario", respondió el estudiante.

Entonces", sonrió el maestro, "si no es cierto, ni bueno, ni necesario, enterrémoslo en el olvido".

Texto adaptado de Sócrates

Así es como debemos reaccionar a la hora de decidir si dejamos que una queja o crítica sobre alguien o algo salga de nuestros labios y resuene en nuestro ser, modificando su vibración y afectándonos negativa o positivamente.

Cuando vayamos a quejarnos o a criticar, hagámonos las siguientes preguntas: ¿es verdad, es bueno, es necesario?

La mayoría de las veces, si no todas, las críticas destructivas, los insultos, las quejas o el victimismo, no son ni verdaderos, ni buenos, ni necesarios.

Quiérete un poco más y regálate sólo buenas palabras que te animen y motiven a ser más feliz hoy, ahora. Utiliza tus palabras a tu favor y no permitas que las emociones y sentimientos negativos transformen tu forma de ver las cosas y reduzcan tus posibilidades de vivir una vida mejor.

"No dejes que tus heridas te conviertan en alguien que no eres".

Paulo Coelho, Manuscrito encontrado en Accra, 2012.

CONSCIENCIA DE LA INCONSCIENCIA

A lo largo del día, hay ciertas cosas que hacemos automáticamente. Son reacciones o impulsos inconscientes, y no necesitan nuestro permiso para modificar nuestro comportamiento. Descansan en un lugar profundo de nuestra mente esperando el momento perfecto para salir, creando una reacción que, a veces, puede no ser la que esperábamos tener.

Lleva tiempo cambiar una reacción inconsciente, porque forma parte de la programación automática que hemos recibido durante nuestra vida. Está arraigada en lo más profundo de nuestra mente y nos ha condicionado a reaccionar de una manera específica, tanto, que ya consideramos esa reacción como una parte inseparable de nuestro ser.

Los seres humanos somos criaturas de hábitos, y es mucho más difícil deshacerse de un hábito ya asimilado que crear uno nuevo. Por eso se dice que, en el proceso de aprendizaje, siempre es más importante desaprender que aprender. Pero también es más complicado al mismo tiempo.

Algo que ha estado arraigado en nosotros durante años y años, formando parte de nuestros ideales y creencias, es difícil de cambiar. Porque debemos enfrentarnos a nosotros mismos y derribar todo un sistema estructurado que forma nuestra identidad.

Pero hoy no somos la misma persona que ayer aceptó esos ideales. Tampoco seremos los mismos que seremos mañana, aunque nos parezcamos bastante. Por lo tanto, algo que ayer nos resultaba útil o válido hoy puede no encajarnos necesariamente.

Eso puede darnos razones suficientes para poder cuestionar algunos de nuestros comportamientos: ¿quiero ser igual que la persona de ayer que fracasó en determinadas situaciones, o quiero seguir como soy ahora en el presente durante el resto de mi vida? ¿O prefiero recopilar toda esa información obtenida a base de ensayo y error y ser la mejor versión de mí mismo para mañana?

"La mejor forma de predecir el futuro es crearlo".

Abraham Lincoln

Para construir una felicidad sólida y estable para mañana, debemos trabajar en ella hoy, valorar nuestra situación, sentir gratitud. Para mejorar nuestro físico futuro, debemos hacer ejercicio hoy, comer sano, no hacer de nuestros malos hábitos una costumbre. Y así sucesivamente.

Si algo no nos gusta desde fuera, analiza en tu interior por qué no te gusta. Si es algo injusto o presenciamos un abuso, es perfectamente normal indignarse, al menos hasta cierto punto.

Pero si es algo más subjetivo, como la forma en que se comporta tu pareja, o los múltiples mensajes de alguien que necesita tu ayuda, o cómo un coche se cruza en tu carril sin suponer un gran riesgo para tu seguridad, y aun así te enfadas o maldices, gritas o te quedas con malestar en tu interior, hay algo dentro de ti que puedes mejorar hoy para tu bienestar futuro.

Sólo cuando tomamos conciencia de los efectos negativos de ciertos comportamientos inconscientes en nuestra vida y en la de los que nos rodean, empezamos a hacernos ciertas preguntas. Si lo deseas, puedes responderlas aquí mismo a modo de ejercicio.

Ejercicio:

Si hago sufrir a los demás o a mí mismo con mi reacción, ¿no debería intentar no reaccionar así?

¿Me equivoco al reaccionar así? ¿Por qué reacciono así?

¿Es impaciencia, es porque quiero que todo se haga a mi manera, quizá porque quiero controlarlo todo?

Este tipo de preguntas pueden ser muy útiles si lo que realmente queremos es eliminar un comportamiento negativo automático. De ese modo, cada vez que perdamos los nervios o nos deprimamos, podremos mirar hacia dentro para encontrar la raíz del problema.

Porque, en mi opinión, cuando algo "te molesta", no es ese algo el motivo de tu enfado, eres tú el que está molesto debido a tu percepción de la situación. Entonces, para resolver el problema, lo que debes cambiar eres tú, no el supuesto problema.

No sabes cuántas batallas innecesarias puedes evitar así, notando que esa reacción impulsiva está a punto de salir de ti. Entonces no lo permites, analizas tus sentimientos o pensamientos y te das cuenta de que el problema no es el problema, sino cómo ves tú el problema.

Y créanme, todos tenemos algún detalle interno que debería tratarse, todos somos raros a los ojos de los demás, que no están familiarizados con ese tipo de rarezas.

La normalidad no existe. Al menos, a mí me parece una leyenda. Creo que el verdadero problema es querer ser normal o fingir serlo, cuando en realidad por dentro sabes que estás negando tu verdadera esencia.

Sé raro. Sea auténtico. Habla sin filtro. Sin daño, sin falta, pero sin filtro. Da saltos de alegría. Grita de alegría. Corre. Da sin esperar recibir. Come algo sabroso. Ríete a carcajadas. Llama a alguien que hace tiempo que no ves y dile que le echas de menos. Pide perdón, da las gracias, di te quiero más a menudo. Y agradece una y otra vez la maravillosa fortuna de ser hermano vivo.

Pero volvamos al asunto que nos ocupa. Queremos mejorar algo de nosotros mismos, algo que no nos hace bien ni a nosotros ni a los que nos rodean. Si ya has detectado ese comportamiento, reacción o impulso inconsciente, ya has dado un gran paso. Sólo los seres valientes son capaces de enfrentarse a sí mismos y a sus defectos para construir una versión mejor de sí mismos. Desafiar tu estructura mental, con la que has estado funcionando toda tu vida, es un reto. Pero créeme, sólo pueden salir cosas buenas de ello. Fuera de la zona de confort, en la zona de incomodidad positiva, es donde ocurre la verdadera magia. Es donde alcanzarás tu mayor desarrollo, donde fluirás libre y ligero, donde te encontrarás a ti mismo.

Es curioso que haya que sentirse incómodo para sentirse realmente a gusto, pero no creo que el concepto nos resulte tan extraño o nuevo. Por ejemplo, después de hacer un duro entrenamiento, o de terminar un proyecto de meses, o de conseguir dejar de fumar tras años intentándolo, nos sentimos realizados. Es un momento de realización en el que somos plenamente conscientes y estamos en el presente, viviendo el ahora con todas nuestras fuerzas. Hemos conseguido algo grande y tras un esfuerzo y sacrificio considerables. Y qué bien sienta, ¿verdad? Qué satisfacción, qué felicidad, qué a gusto se siente uno después de haber logrado lo que tanto esfuerzo costó conseguir. Conseguimos un gran objetivo después de estar "incómodos" durante mucho tiempo, pero mereció la pena esa "incomodidad" temporal a cambio de un gran avance en nuestra vida. Y todo gracias a estar aquí, presentes, concentrados, enfocados en el ahora. Pasito a pasito, consiguiendo grandes cosas. Valoremos y entendamos el verdadero poder de ser más conscientes en nuestra vida y estar positivamente "incómodos".

Ejercicio:

Analiza qué parte de ti, comportamiento o reacción, es impulsiva o inconsciente y te afecta negativamente a ti o a los que te rodean.

Cuando te des cuenta de que has dicho algo que no querías decir, para. Analízate. Respira lenta y profundamente dos veces. Responde a estas preguntas aquí mismo en un papel:

¿Por qué dije o hice eso?

¿Qué pretendía conseguir diciendo o haciendo eso?

¿Y tuve éxito? ¿Mereció la pena reaccionar así?

Si has respondido con sinceridad, verás lo ocurrido desde otro punto de vista. Fíjate en la supuesta razón por la que decidiste reaccionar así. ¿Es real, o es sólo tu forma de verlo lo que te hace reaccionar así? Si miramos en nuestro interior cuando algo nos sienta mal, podremos comprender que, la mayoría de las veces, el problema no estaba en el exterior, sino en nuestra forma de ver el exterior.

No te enfades contigo mismo. Acéptate, cuídate, di en voz alta lo que te gustaría oír para acelerar tu curación y aumentar tu motivación. Reaccionaste según el nivel de conciencia que tenías en ese momento y ya está.

La conciencia es la forma de agarrar la vida de frente y hacerla tuya. Si eres consciente, dibujas tu vida, si vives inconscientemente, tu vida te dibujará a ti.

"Hasta que el inconsciente se haga consciente, el subconsciente dirigirá tu vida, y tú lo llamarás destino".

Carl Gustav Jung

Primero debemos ser conscientes de que hay algo dentro de nosotros que se puede mejorar. Un defecto, una actitud o algo que no aporta nada positivo a nuestra vida. A partir de ese momento, aislamos ese comportamiento o reacción de nosotros mismos y somos capaces de ver lo que está ocurriendo. El proceso aún no habrá terminado, pero sin duda lo habremos hecho comenzar. De esta manera, haremos una especie de marca mental para que la próxima vez que aparezca esa reacción, seamos capaces de notarla. Gracias a ello, podremos evitar que esa actitud, comportamiento o sensación se desarrolle más de lo necesario. Porque, a medida que ocurra, podremos darnos cuenta de que ese comportamiento no nos pertenece y podremos volver a una actitud mental positiva o neutra.

Y así, poco a poco, con el paso del tiempo, esta reacción se irá limitando hasta llegar a un punto de no producirse, ya que, conscientemente, hemos ido programando positivamente al inconsciente, haciéndole entender que no nos gusta esta reacción, porque no nos lleva a ninguna parte y no nos sirve para nada. Llegará el día en que observaremos que nuestra reacción automática ante determinados acontecimientos no es la misma que hace meses o años.

Es un proceso que requiere perseverancia, conciencia y paciencia, pero realmente merece la pena el esfuerzo y cambiará nuestras vidas a mejor.

PLACER POR PLACER

Lo deliciosa que está la comida, ¡y cómo nos gustan los postres! O lo bien que sienta tomarse una cerveza en una terraza en pleno verano, cómo nos gusta el buen sexo, o fumar, ir de compras, ganar y gastar dinero.

La mayoría de estas cosas o actividades no son negativas en absoluto, de hecho, permitirse el "lujo" de tomarse unas cervezas charlando con los amigos, o ir de compras para sentirse guapo de vez en cuando, es recomendable e incluso saludable.

Nadie va a cuidarte tan bien como tú mismo. Mimarse y regalarse esos momentos para uno mismo está muy bien, es prácticamente una necesidad y una recompensa por nuestro trabajo o por simple disfrute. Porque no estamos en esta vida sólo para trabajar y trabajar, pagar facturas y pensar en nuestras preocupaciones y responsabilidades. De vez en cuando hay que parar el tren, bajarse y tomar un poco de aire fresco y sentir el calor del sol en la cara. Pensar menos y sentir más. Pero no se trata de eso.

Cuando hablo del placer por el placer, me refiero a basar tu felicidad exclusivamente en obtener placer. Es decir, creer que eres feliz por gastar en compras o lujos innecesarios, o por ganar más dinero, por tener más sexo, por sentirte superior a alguien... Ese es el verdadero error, es más, es una verdadera condena.

Porque llegará un momento en que lo habrás hecho todo, o casi todo, y te sentirás vacío, insatisfecho, deprimido, irascible, y lo pagarás contigo mismo o con tus seres queridos, e intentarás ahogar tus penas en alcohol, sobrealimentación, drogas, sexo, etc.... Y así empieza todo de nuevo.

"La búsqueda del placer conduce al dolor".

Heródoto

Tengo un amigo que es millonario. Y él, afortunadamente, es una persona positiva, feliz y agradecida. Pero me cuenta que muchos de sus amigos, también millonarios, o son adictos a la cocaína, al sexo, al alcohol o a la prostitución, o están solos y deprimidos.

Esto se debe a que han confundido el placer con la felicidad. Es así de sencillo, pero quizá complejo de entender. Intentaré explicarlo más claramente: el placer viene de fuera, es un estímulo externo que nos proporciona una agradable sensación de bienestar, una fuente de hormonas que inundan nuestro organismo y lo revolucionan. Ya sea de alimentos poco saludables, pero con potenciadores del sabor, azúcar procesado y otros aditivos artificiales, o del dinero, las drogas, el poder o el sexo. El placer es algo que no dura. Llega, nos estimula, y al cabo de un rato desaparece, apenas un tenue recuerdo de lo bueno que fue. Y enseguida necesitaremos otra dosis para saciar nuestra sed. Es el cuento de nunca acabar.

"El dinero es un número, y los números nunca se acaban. Si necesitas dinero para ser feliz, tu búsqueda de la felicidad nunca acabará".

Bob Marley

Sin embargo, la felicidad es algo que viene de dentro. Es una actitud, una forma de vivir. Es el viaje, no el destino. Fuera puede estar lloviendo a cántaros, y dentro podemos sentir un día cálido y soleado. No necesitamos nada concreto para sentir felicidad, es tu forma de ver las cosas lo que te hará sentir feliz. No hay que esperar a que pase la tormenta, hay que aprender a bailar bajo la lluvia.

Dicen que la gente feliz es agradecida, pero yo no lo veo así. Creo que son las personas agradecidas las que son felices. Porque si valoramos lo que tenemos, sentimos y somos, todo a nuestro alrededor brillará con otro color. Un día lluvioso se verá bonito porque estaremos en casa calentitos o en buena compañía; o cuando nos cambien el horario de trabajo, nos centraremos en lo que podemos hacer al tener un turno diferente, como esa tarea pendiente que queríamos realizar; o si tenemos que trabajar más, podemos pensar que ganaremos más dinero si trabajamos más horas y en qué lo podemos invertir, etc.

"La mitad de la belleza depende del paisaje; la otra mitad, del hombre que lo mira".

Lin Yutang

Como ya comentamos en el capítulo *"La gratitud es el motor de la felicidad"*, si somos conscientes de lo privilegiados que somos y de la abundancia que nos rodea, sentiremos una inmensa alegría de forma natural.

Esto es precisamente a lo que me refería cuando les decía que el placer es externo y la felicidad es interna. Cuando tenemos presente lo afortunados que somos, cuando valoramos nuestra salud, nuestra vida, nuestras relaciones de amistad o familiares, cuando apreciamos el amor de nuestra pareja o de nuestra mascota, disfrutamos de un día soleado o lluvioso, agradecemos tener un techo bajo el que cobijarnos, tener un plato en la mesa, un trabajo, buenas conversaciones o compañía y un largo etcétera, entonces no necesitaremos un estímulo externo para sentir felicidad. La paz interior y la gratitud que sentiremos serán tan intensas que elevarán nuestra energía a otro nivel, y nuestra percepción del mundo habrá cambiado. Miraremos el mismo cielo con otros ojos. Recorreremos el mismo camino con pasos diferentes. El mundo será el mismo, pero nosotros habremos evolucionado.

De repente, las preocupaciones serán menos preocupantes, los problemas menos graves, la ira se suavizará hasta desaparecer y las sonrisas serán nuestro nuevo lenguaje.

"Si no cambias, todo se repite".

Anónimo

La felicidad será nuestro estado natural y casi automático, porque habremos comprendido que el secreto no es tener sino ser. Al fin y al cabo, se trata de ser felices y hacer felices a los que nos rodean, e incluso en esos momentos en los que parece que no te va bien y tienes una mala racha, en los que se juntan varios problemas o preocupaciones, incluso entonces, seguro que hay mucho que agradecer.

Ejercicio:

Es sencillo, te propongo que escribamos en un papel todo aquello que sabemos que no nos hace ningún bien, ni de salud, ni emocional, ni mental, pero sin embargo, seguimos dándole un lugar en nuestra vida. Sácalo de ti, exteriorízalo e intenta verlo de una forma aislada o más objetiva.

"Si sabes lo que tienes que hacer y no lo haces, estás peor que antes".

Confucio

Respondamos a estas preguntas con sinceridad:

¿Qué me aporta este mal hábito o este exceso?

¿Me hace eso más feliz o mejor persona, o sólo me da placer?

¿Qué pasaría si dejara de hacerlo?

¿De qué otra forma, menos nociva y más natural, puedo conseguir la misma sensación que usted me transmite, o incluso una mejor, más sana y duradera?

¿Por qué no elijo esa opción entonces?

No estoy aquí para juzgarte. Yo he pasado por este camino, y es mi intención mostrarte los pasos que seguí y que me funcionaron para dejar de ser esclavo de la mente, de los malos impulsos y de la inconsciencia que nos gobierna a casi todos en gran medida.

Nadie más que tú leerá tus respuestas, así que intenta ser lo más sincero posible, para poder detectar cuanto antes la raíz del "problema", que no es tal, sino un hecho vital producido por distracción o inconsciencia.

También puede compartir esta información con su pareja o seres queridos, y ellos podrán ayudarle a buscar pruebas concretas para que el proceso sea más fácil y agradable.

De vez en cuando es muy importante liberarnos de esa carga que suponemos que debemos llevar solos, y expresar a nuestros allegados cómo nos sentimos. De esta forma, exteriorizamos el "problema" y todo se relativiza y pierde importancia en cierta medida.

Suelta la vergüenza, el orgullo o el miedo, y saca eso que llevas dentro y que te está bloqueando.

Vaciar tu mochila de piedras es algo muy saludable que puede ser bueno para todos. Además, serás consciente de que quizá no deberías haber acumulado tantas y, más adelante, puede que te lo pienses dos veces antes de volver a acumularlas.

ESCOGE SABIAMENTE TUS BATALLAS

Hay muchas maneras de que haya un malentendido, las posibilidades son muchas: tal vez no pude expresarme como quería, elegí las palabras o el tono equivocados, o tal vez el momento, las miradas o la expresión corporal. También si este mensaje llega por teléfono, correo electrónico, mensaje de móvil, etc. Es decir, si lo leen, sólo imaginan cómo lo dije y lo interpretan a su manera.

Puede que la otra persona tuviera un mal día y se sintiera mal y no tuviera paciencia en ese momento para pararse a pensar si las palabras significaban una cosa u otra. Y por la forma en que está estructurada tu mente y tu aprendizaje a medida que crecías, también te ayudará a interpretarlo de una forma u otra.

Así que tener un malentendido o una discusión por supuestas diferencias es más fácil de lo que parece, ¿verdad? Entonces, ¿por qué querer tener razón? Puede que ambas personas tengan razón, ¡o ninguna! Es muy relativo y subjetivo, ya que cada uno interpretó las palabras a su manera y quizá, sin mala intención por ninguna de las partes, se llegó a un tonto malentendido.

Hay varias formas de saber elegir nuestras "batallas" o, mejor dicho, de evitar los duelos de egos que no llevan a ninguna parte y, en este caso como en muchos otros, me baso totalmente en la sabiduría budista:

- No se ofenda:

Cuando alguna expresión o actitud de alguien te molesta o te sientes ofendido, no son sus palabras las que te ofenden, eres tú quien "decide" consciente o inconscientemente sentirte ofendido o enfadarte. Nada te ofende, te ofendes tú. Porque no estás de acuerdo, porque choca con tus ideales, porque no es como tú lo harías, como tú quieras verlo.

No te resistas, no dejes que el pensamiento te lleve a una reacción innecesaria y posiblemente injustificada. Acéptalo y pregúntate si realmente es como lo ves o tal vez, en una remota posibilidad, podría ser de otra manera y aun así ¡estar totalmente en lo cierto!

Evidentemente, tienes que actuar siempre que puedas para evitar injusticias y abusos, pero no lo conviertas en algo personal, cuídate y cultiva tu paz interior.

Porque si te ofendes, estás consolidando y reforzando esa mala energía en ti y haciendo que perdure más en el tiempo.

- Libérate de la necesidad de ganar:

"Todo el mundo habla de paz, pero nadie educa para la paz. La gente educa para la competición, y la competición es el principio de cualquier guerra".

Lipnisky

Lo que para algunos es "perder", para otros es aprender. Lo que para unos es "ganar", para otros es disfrutar. Querer ganar es una forma de que el ego se sienta fuerte, y no debes dejar que te afecte ni te cambie, de lo contrario te convertirás en alguien frío y apático, que sólo busca victorias y títulos para inflar el pecho y presumir de una identidad bellamente adornada, pero que está vacío por dentro.

Todos hemos ganado alguna vez, y todos hemos perdido muchas más, ¿y eso te cambia? De hecho, quizá sea incluso más útil perder que ganar, porque al menos perder te deja un bonito aprendizaje del que puedes nutrirte, si reconoces que puedes aprender algo, si estás dispuesto y eres humilde. Pero ganar sólo alimenta el ego, sólo te separa de los demás. Y el que ha ganado hoy, puede perder mañana, ¿y qué? ¿Estará triste, frustrado y se sentirá poco? No tiene ningún sentido. No eres lo que tienes, eres lo que haces, lo que sientes y te hace sentir. Perder o ganar no te define, simplemente intenta observar sin ser juez, disfruta sin querer superar a nadie más que a tu versión de ayer.

- Libérate de la necesidad de tener razón:

La mayoría de las veces, cuando escuchamos a alguien, estamos preparando nuestra respuesta, estamos cargando munición para soltar nuestras razones o motivos y demostrar que nuestro argumento es el válido y adecuado. Es nuestra forma de defender nuestra presunta identidad y de querer diferenciarnos de los demás. Pero ya somos diferentes. Y también iguales. Somos igualmente diferentes.

Pero queremos tener razón. Queremos demostrar que sabemos más y mejor. Pero, ¡qué absurda es esta lucha sin fin! De nuevo recuerdo que todos somos maestros de casi nada y aprendices de todo. ¡Todos sabemos algo de ciertos temas y casi nada de todos los demás!

"Cuando hablas, sólo repites lo que ya sabes. Pero si escuchas, puedes aprender cosas nuevas".

Dalai Lama

Al escuchar sin pensar en responder, mejor dicho, al escuchar sin pensar, sólo sintiendo las palabras que emite la otra persona, su actitud y conocimientos, estamos permitiendo que nos aporten, permitiendo que parte de la sabiduría de sus experiencias entre en nosotros y nos enriquezca. Esa es la belleza de la vida, la diversidad. Y en la riqueza de la diferencia está la evolución.

De repente, al desprenderme de las creencias limitadoras del ego y asumir que quizá haya más verdades aparte de la mía, me libero. Crezco. Permito que una nueva corriente de ideas forme parte de mi vida y la haga más rica y exuberante. No te cierres al flujo de conocimiento que circula por el planeta más allá de tu mente y permítete, de vez en cuando, dudar incluso de ti mismo, para permitir que otras realidades sean y conecten contigo.

- **Libérate de la necesidad de sentirte superior:**

Tenemos la costumbre, o más bien la adicción, de sentirnos por encima de los demás. Esa puede ser la razón de tanta crítica inútil, de tanta envidia o desprecio a los que tienen más o a los que tienen menos, a los que son diferentes o a los que se nos parecen. Da igual, el caso es sentirse poderoso. Despreciando a los demás, no tengo que enfrentarme a mis miedos, defectos e inseguridades que me hacen buscar mi fuerza en las malas palabras y las formas, en los coches y trajes caros, en las joyas y otros vicios vacíos.

Somos del mismo lugar y nos veremos en el mismo lugar.

Sólo tienes que ser mejor de lo que eras ayer, tienes que ser una mejor versión de ti mismo, esa es la única persona contra la que tienes que competir y a la que quieres superar. Y punto.

- **Libérate de la necesidad de tener más:**

Tener, tener, tener. Para satisfacer nuestras ansias, nuestro ego de sentirnos por encima de los demás o parte del grupo. Hay formas más sanas de sentirse integrado que tener lo mismo que los demás. Si quieres dinero, siempre querrás más, si eres un ligón de una noche, nunca tendrás suficiente, si estás obsesionado con los vicios y los placeres, acabarás quemándote y perdiendo por el camino tu sentido y tu razón de ser.

Si alcanzas una meta, estarás pensando en la siguiente, y malgastarás tu tiempo de vida, amor y aprendizaje, pensando en el próximo título o trofeo que poner en tu vitrina.

La felicidad es un viaje, no un destino. Es ser, no tener.

Hay más fundamentos budistas interesantes, pero estos son los que conoceremos hoy.

En definitiva, si aprendemos a no sentirnos ofendidos, si olvidamos nuestra falsa necesidad de tener razón, de ganar o de sentirnos superiores, y si aceptamos que tener más no nos hará felices si somos incapaces de valorar lo que ya tenemos, entonces seremos LIBRES. Libres de la influencia de nuestro ego, de los impulsos inconscientes que no nos traen nada bueno, y libres para saber elegir correctamente nuestras batallas.

Disfruta y utiliza sabiamente estos nuevos superpoderes para crear y mantener tu paz interior.

"Sé el cambio que quieres ver en el mundo".

Mahatma Gandhi

Escribe aquí los conceptos que más te han llamado
la atención hasta ahora:

_____

_____

_____

_____

_____

_____

¿Cómo piensas aplicar estos conceptos a tu vida?

_____

_____

_____

_____

_____

_____

_____

Después de escribir estas líneas, léelas en voz alta
para empezar a interiorizarlas

ALTA VIBRACIÓN

"Si quieres descubrir los secretos del universo, piensa en términos de energía, frecuencia y vibración".

Nicola Tesla

Según los principios básicos de la física cuántica, estamos en un continuo intercambio de energía con nuestro entorno. Por lo tanto, más vale que nos aseguremos de que lo que nos rodea es bueno y positivo, para que la energía que nos llega sea enriquecedora y útil, y también para que no nos quedemos sin energía que utilizar en nuestro propio desarrollo y evolución.

¡Cuántas veces acabas de hablar con un buen amigo y te sientes genial, rebosante de positividad, gratitud y vitalidad! No es casualidad. Es más bien causalidad. O recuerda esas otras veces en las que acabas de terminar de hablar con alguien negativo, siempre criticando a los demás, envidiando, insultando y menospreciando cada vez que puede, y cuando te quieres dar cuenta estás cansado, bajo de ánimo y sin ganas de hacer nada. Creo que todos hemos pasado por eso, la cuestión es si nos damos cuenta de lo que está pasando.

Hay gente que da y hay gente que quita, hay gente con la que compartes energía y te deja vacío, seco, marchito. En cambio, hay otras personas que te renuevan, te fortalecen, te motivan. Somos energía y eso es indiscutible, pero a veces hay que observar estos detalles para entender el concepto, el poder y la influencia que esto puede tener en nuestras vidas.

Si somos energía, y la energía es vibración a una determinada frecuencia, podríamos decir que somos energía en alta o baja vibración según el momento. Cada sentimiento corresponde a una vibración diferente, los buenos son frecuencias altas y los malos bajas.

Hay muchos factores que pueden afectar a nuestra vibración:

Entorno: puede haber más cosas a tu alrededor que te afecten de las que imaginas. Tener tu casa o lugar de trabajo ordenado y limpio no es sólo para encontrar las cosas más rápido, sino para dar calma y paz a tu mente y alma, y no recibir energía caótica de tu entorno.

La música: La música es vibración y energía igual que nosotros y, cuando la escuchamos, puede subir o bajar nuestra frecuencia inmediatamente. Intenta escuchar música positiva, alegre o de 432 Hz cuando medites o trabajes para sintonizar con la frecuencia adecuada.

Los estímulos visuales: esa información que entra por nuestra retina a través del nervio ocular hasta el cerebro, se sedimenta en nuestro subconsciente, sembrando una semilla que, a veces, no da los dulces frutos que cabría esperar. Cuando vemos películas de violencia, desgracias, o noticias que te dan miedo y desconfianza, o publicidad que motiva tu consumismo y la insatisfacción con tu pareja, casa, coche o físico actual, estamos recibiendo señales que se quedan en la parte inconsciente de nuestra mente y nos dicen que podríamos tener más y mejor, que lo que tenemos y lo que nos rodea no es lo último, lo más bonito, lo más caro, lo más joven. Parece inocente, pero después de años y años recibiendo esta información contradictoria, la mente puede jugarnos malas pasadas y puede ser difícil detectar cuál es la raíz de tu insatisfacción, sobre todo si la causa ha sido catalogada como normal, ya que es algo que absorbemos a diario.

Empresa: dicen que somos el resultado medio de las personas que nos rodean. Así que ¡rodeémonos de buena gente! Estamos en edad de elegir nuestra compañía, así que seleccionemos bien. La gente positiva, alegre y agradecida nos ayudará a sentirnos bien y a atraer cosas buenas a nuestro mundo. En cambio, las personas negativas, que viven en la queja y la crítica constantes y se victimizan constantemente, no nos ayudarán a atraer a nuestra vida más que cosas malas. Elige sabiamente.

Palabras: nunca debemos subestimar el inmenso poder de las palabras. Nuestras palabras pueden elevar o abatir a los demás, del mismo modo que nosotros podemos alegrarnos, entristecernos o enfadarnos por algo que nos digan. Las palabras llevan una poderosa carga de identidad e intención que puede mover montañas, y pone a trabajar cada célula de nuestro cuerpo con esa energía recibida. Por eso muchas veces nos sentimos mal con sólo imaginar algo que ni siquiera ha sucedido, porque la palabra y la mente tienen un poder impresionante y determinante en nuestras vidas. Precisamente por eso digo una y otra vez que las críticas y las quejas destructivas son inútiles porque, aunque esa persona o ese hecho merezcan ser criticados, algunas de esas malas palabras nos salpicarán y contaminarán nuestra energía, reduciendo así nuestra vitalidad, positividad y eficacia.

"La ciencia moderna aún no ha producido un medicamento calmante tan eficaz como lo son unas palabras amables".

Sigmund Freud

Pensamientos: por último, pero no por ello menos importante, los pensamientos. La raíz de todo. La materia prima para materializar nuestros sueños más placenteros o nuestras pesadillas más oscuras.

En este libro tenemos diferentes capítulos que abordan de diferentes maneras la importante tarea de "cuidar" nuestros pensamientos. *"Interpretación neutra"*, *"Conciencia del inconsciente"*, *"Positividad"*, *"Piensa menos, siente más"*, son algunos de ellos.

Los pensamientos son impulsos eléctricos que se originan en nuestro cerebro de forma constante. Y, si todo el universo es energía, imagina lo que ocurre con ellos. Se envían como una

---

vibración con frecuencia al universo y luego vuelven a ti en forma de hechos o razones para que sigas pensando de esa manera. Es algo así como un efecto espejo, o como tirar una piedra a un lago. Las ondas causadas por la piedra (pensamiento) se expandirán omnidireccionalmente a través de los 360 grados que la rodean, siendo infinitesimalmente más pequeñas e imperceptibles para nosotros, pero siguen su curso. Y tarde o temprano, rebotarán y volverán a la fuente (nuestra mente o vida), materializadas en el lenguaje (de alta o baja vibración) que fueron emitidas.

En resumen, si tienes malos pensamientos y prestas demasiada atención a esos pensamientos negativos con frecuencia, recibirás más motivos, hechos y sensaciones que te permitirán continuar en esa mala vibración. Si, por el contrario, decides dejar pasar esos malos pensamientos y sólo prestas atención a los buenos, siendo consciente y esforzándote por vivir el ahora con gratitud y amor, sucederán cosas buenas en tu vida que reforzarán ese pensamiento. Suena un poco teórico o descabellado, pero funciona de verdad, doy fe, y además, ¿qué pierdes probándolo?

EQUILIBRIO

Sobre toda forma de existencia en la Tierra hay un orden. A veces desordenado, a veces sin sentido o caótico, pero al fin y al cabo hay un orden. Todo debe seguir un funcionamiento preciso y, si a veces se rompe ese equilibrio, se produce un efecto dominó de consecuencias negativas. Pero los humanos creemos que vivimos sin que ese orden nos afecte o nos domine. Nos sentimos dueños de todo y por encima de todo hasta que todo pasa por encima de nosotros. No estamos a salvo de las reglas que rigen este universo. Recordemos que no estamos en el universo, SOMOS EL UNIVERSO. Estamos formados por la misma materia y sustancias de las estrellas. Si conseguimos cambiar nuestro ser, nuestra dinámica, actitud y acciones, cambiaremos inevitablemente nuestro entorno.

Pero olvidamos nuestro poder creativo. Vivimos en una continua locura de estímulos y distracciones, emociones y adicciones que nublan nuestros sentidos y nos alejan de nuestro potencial infinito. Somos creadores, somos creativos, somos todo o nada. **Por supuesto, estamos absolutamente ligados a nuestro entorno por la energía, y la energía para materializar nuestros sueños en el mundo real es el pensamiento.** Y surge la mayoría de las veces de forma espontánea y pensamos que tenemos mucho que ver con lo que dice y a veces no. Debemos encontrar la manera de influir positivamente en nuestros sueños en el mundo real. Debemos encontrar la manera de afectar positivamente a nuestro subconsciente para que esos pensamientos automáticos e inconscientes sean más positivos, más tranquilos, más lógicos y productivos. De lo contrario, nos quedaremos en un mero intento de desarrollar plenamente nuestro potencial y la misión o tarea que vinimos a cumplir.

El orden es la forma de hacer que algo funcione. Es el algoritmo, la fórmula, la receta del pastel de la abuela.

Encuentra tu orden y encontrarás tu equilibrio y podrás demostrar todo tu talento y habilidad en el tablero de juego.

Con orden no me refiero a tener tu habitación bien colocada, aunque también. Si según la energía cuántica, la energía fluye de nosotros y hacia nosotros y nos rodea, si hay muchos elementos fuera de lugar, impedirán el flujo normal de energía y nuestra renovación de vitalidad y creatividad. Además, ver la habitación recogida relaja la mente al instante, ¿verdad? Aunque llevamos mucho tiempo acostumbrados a ver algo desordenado, al verlo limpio y ordenado, la sensación instantánea es de calma y descanso, queramos verlo o no. De nuevo os recuerdo que los extremos no son buenos: no es malo tener la habitación o la cocina desordenada de vez en cuando, después de una comida con amigos o de un día de trabajo, tampoco es sano estar todo el día obsesionado con la limpieza y sufrir cuando ves una miga de pan en el suelo y perder los nervios, los que tenemos mascotas lo sabemos. Simplemente y según mi punto de vista, tener el hábito de ordenar o no ensuciar mucho, es algo muy saludable y relajante, ya que nos da un espacio agradable para descansar y renovar nuestras energías e ideas.

Del mismo modo, tu vida, tus hábitos o tareas deben ser ordenadas, ya que es la mejor manera de conseguir lo que te propongas y estar al máximo de productividad durante el día, la semana, el mes...

Cuestiones que debe abordar para poner su vida en orden

Hay ciertas cuestiones que bloquean tu verdadero desarrollo y que muchos tenemos arraigadas en nosotros.

Me gustaría destacar lo siguiente:
Miedo a lo nuevo: el cambio puede dar una sensación de incomodidad o rechazo, quizás porque estamos saliendo de nuestra zona de confort y "alejándonos" de aquello a lo que estamos acostumbrados, pero salir de la zona de confort es, si

no la única manera, una de las más efectivas para alcanzar tus objetivos y tener éxito.

Pensar demasiado: es algo de lo que hablamos a lo largo de este libro y del episodio anterior de *"Guía para vivir mejor: Mente"*. Piensa menos, siente más, ese es uno de los grandes secretos para desbloquear tu verdadero potencial oculto.

Infravalorarte: no pienses ni digas cosas negativas sobre ti, porque una parte de ti acaba creyéndoselas y reduce tu energía, eficacia, positividad y posibilidades de éxito.

"No hables mal de ti mismo, porque el guerrero que llevas dentro oirá tus palabras y se debilitará por ellas".

Antiguo proverbio samurai

Por favor, todos: si no queréis hacer algo, decidlo; si no queréis ir a tomar algo ese día, decidlo; si no podéis o no queréis hacer algo por alguna razón, no lo hagáis. Ocúpate de sentirte bien y cuidar de ti mismo y entonces podrás cuidar de los demás sin problemas.

Dejar para mañana lo que se puede hacer hoy: descansar y no hacer "nada" durante un día o un rato no sólo es saludable, sino también muy recomendable. Pero si se convierte en nuestro hábito, en nuestra forma de ser y se convierte en rutina, estaremos perdiendo un tiempo precioso que no podremos recuperar y que podríamos haber invertido en crear, estudiar, trabajar o conseguir logros.

Ejercicio:

Empieza a hacer un calendario de actividades o planes para empezar a incorporar nuevos hábitos positivos a tu vida. Puedes empezar poco a poco e ir añadiendo más a lo largo del mes, para no sentirte presionado o abrumado. Seguro que hay

---

un deporte que quieras practicar, un libro que quieras leer, un plato que te gustaría aprender a preparar.

Rellena tu agenda y desafíate a ti mismo a evolucionar y disfrutar del cambio. Porque si hay algo que nunca cambia es que todo cambia constantemente.

Hazte con un cuaderno nuevo y dale vida. Escribe en letras grandes lo que quieres conseguir. Deja una página para ideas, borradores de conceptos o estrategias y presupuestos. Haz una lista de tareas por página y día. Sé concreto, pero no te relajes ni te presiones demasiado si no consigues lo que te has propuesto. Si cumples la mayoría de las tareas de tu lista diaria, en lugar de machacarte por no haberlas cumplido todas, siéntete orgulloso de saber que ya has hecho más de lo que hiciste el día anterior sin lista, sin cuaderno y sin haber echado a andar.

Recuerde que, si queremos añadir actividades diarias a nuestro horario, lo ideal es empezar poco a poco. Los mejores cambios son los que se producen de forma progresiva, ya que es más probable que perduren en el tiempo. De esta forma no tendremos ganas de abandonar.

Añade tareas cada siete o quince días a tu programa. Si tu objetivo es hacer ejercicio, empieza con dos o tres días a la semana y añade días cada una o dos semanas, para que tu cuerpo y tu mente lo aguanten mejor y no tengas ganas de abandonar.

Pon orden en tu vida y podrás apreciar mejor los momentos de ocio, descanso e incluso trabajo, y tu productividad se multiplicará y los resultados se harán visibles con rapidez y peso en tu día a día.

MALESTAR POSITIVO

Este concepto se consolidó en mi mente tras comprender la importancia de romper tu zona de confort. O, en otras palabras, dejar de esperar el momento perfecto para actuar, y actuar y hacer que el momento sea perfecto.

Ya sabemos que somos animales de costumbres, que nos gusta llegar a casa, quitarnos las zapatillas, tomar algo, cenar, leer o ver una película, o lo que nos apetezca. Nos sentimos cómodos y seguros en la rutina del hábito, es una forma de sentirnos a gusto y no tiene nada de negativo, al menos en su justo equilibrio.

Pero, si ese cómodo hábito nos impide trabajar en nosotros mismos, arriesgarnos en nuevos proyectos o hacer nuevos contactos, o realizar actividades diferentes para obtener experiencias distintas, entonces no puede ser muy bueno.

Todo es bueno en su justa medida, pero abusar de la comodidad puede ser totalmente perjudicial, si lo que queremos es evolucionar como personas o empresarios.

"Si crees que la aventura es peligrosa, prueba la rutina. Es mortal".

Paulo Coelho

Esta frase nos hace ver una perspectiva diferente a la que estamos acostumbrados.

De nuevo, por supuesto, a todos nos encanta sentirnos cómodos en casa o con alguna situación, tarea o negocio que ya dominamos. Pero el afán de querer mejorar o el deseo de llegar a nuestro límite y superarlo, es algo muy positivo y gratificante.

Debemos darnos cuenta de que la mayor parte de los conocimientos que adquirimos proceden de la experiencia y, sobre todo, de las malas experiencias, porque es cuando más aprendemos.

Todo en la vida es disfrute o aprendizaje, así que ¿por qué no utilizar esta información en nuestro beneficio? ¡Intentemos fracasar a menudo! Y no digo que fracasemos a propósito, sino que probemos nuevas ideas, probemos nuevos proyectos, fracasemos, aprendamos, evolucionemos.

"Si quieres tener éxito, duplica tu tasa de error".

Thomas Watson

Las personas de éxito hablan de la importancia de los fracasos, los supuestos fracasos que criticamos tan negativamente. Pero no son tal cosa. Son excelentes oportunidades para aprender, mejorar y seguir intentándolo. Nadie o casi nadie lo consigue a la primera, y el mero hecho de poder volver a intentarlo es un privilegio. Así que tomemos aire, pensemos en qué podríamos mejorar en el siguiente tiro y ¡a por ello!

Como ejemplo gráfico, pensemos en el momento en que queremos ir al gimnasio o hacer ejercicio:

El día anterior nos automotivamos y nos convencemos de que eso es lo que queremos hacer, nos vamos a dormir pensando en empezar el día o la semana a tope, ¿y cuando nos despertamos? Nos da pereza, algo nos duele o encontramos mil y una excusas convincentes para no hacerlo finalmente.

"Quien quiere hacer algo encuentra un medio, quien no quiere hacer nada encuentra una excusa".

Proverbio árabe

Parece que se ha convertido en una obligación, más que en un deseo. Y eso le quita toda la diversión, ¿no?

Nos resulta extremadamente difícil ignorar la mente y abandonar la seguridad del sofá o la comodidad para hacer algo que requiere un mínimo esfuerzo, aunque, al hacerlo, nos proporcione una enorme satisfacción y nos haga sentir realizados y positivos. Pero, en mi opinión, es el hecho de hacer algo diferente, o de salir de la zona de confort, lo que hace que lo rechacemos.

Sin embargo, durante el ejercicio, cinco o diez minutos después de empezar, nos sentimos muy bien, nuestra mente está relajada y sin estrés, sentimos que la sangre bombea por todo el cuerpo, llenándolo de energía y, cuando terminamos, ¡somos unos campeones!

Ejercicio:

Piensa qué tareas sueles realizar a lo largo del día, pero con desgana o falta de motivación. Vamos a cambiar esa percepción y actitud para que puedas hacerlas con motivación y buena energía. Imagina lo que puede ocurrir si lo hacemos todo de esta manera: con una actitud positiva, tu mundo cambia radicalmente.

Es muy importante reafirmar y convencernos de que lo hacemos por placer, no por deber u obligación. Incluso podemos afirmarlo en voz alta varias veces antes de realizar la actividad.

Por ejemplo, acuérdate de decir en voz alta Quiero nadar, me gusta mucho, me siento bien, y entonces me siento realizado y orgulloso, además de mejorar mi salud y mi físico. Insiste: "Quiero nadar", no "tengo que nadar". Repítelo a menudo para reafirmar este sentimiento positivo de superación personal. De esta forma, cada vez que nos dé pereza pensar en hacer una determinada actividad lejos del sofá o de la comodidad, recordaremos que es buena para nosotros, lo bien que nos sentimos mientras la hacemos y cómo, al final, nos sentimos orgullosos y satisfechos del esfuerzo invertido.

"Cada día haz algo que te asuste".

Eleanor Roosevelt

No estoy hablando de saltar en paracaídas desde un avión. O sí. Hablo de asumir riesgos, de aceptar la inseguridad y la incertidumbre que conlleva hacer algo nuevo o desconocido. Hablo de intentarlo, de cambiar, de caminar por una senda diferente. Puede que "fracasemos", porque somos nuevos en ese hábitat, o no, puede que encontremos algo diferente que nos abra la mente y nos dé lo que llevamos tanto tiempo buscando y más necesitábamos.

"Si buscas resultados diferentes, no hagas siempre lo mismo".

Albert Einstein

Encuentra tu ritmo y verás que crear una versión mejor de ti mismo no sólo no da miedo, sino que es una de las cosas más emocionantes y gratificantes de la vida.

Poder proponerse algo y conseguirlo es materializar nuestros pensamientos en la vida real. Es hacer tangible lo intangible. Es magia. Y la vida es pura magia.

¿Y SI AYUDAS A ALGUIEN?

"Los ríos no beben su propia agua, los árboles no comen sus propios frutos. El sol no brilla para sí mismo y las flores no esparcen su fragancia para sí mismas. Vivir para los demás es una regla de la naturaleza.

La vida es buena cuando eres feliz, pero es mucho mejor cuando los demás son felices gracias a ti. Nuestra naturaleza es el servicio. Quien no vive para servir, no sirve para vivir".

Jorge Bergoglio

Una vez oí la frase *"Si todos ayudáramos a nuestro prójimo, nadie necesitaría ayuda"*. Me parece que dice mucho de lo que podríamos conseguir si fuéramos más empáticos y sensibles, y si aprendiéramos a trabajar más colectivamente que individualmente.

Nos enseñaron, desde pequeños, a competir con los demás, a sacar mejores notas, a ganar en los deportes, a tener mejores juguetes, etcétera. Nos pasamos toda la vida poniéndonos etiquetas que creemos que definen nuestra identidad, pero que, en mi opinión, nos separan del resto de las personas que nos rodean. Por supuesto, existe la competencia sana, pero si alguna vez no se practica es porque nos centramos más en lo que nos separa que en lo que nos une. Si alguien pertenece a un equipo de fútbol, a una ideología política concreta, a una religión, a una clase social específica, a un género, a un país, ¿eso le hace mejor que alguien que no "pertenece" a esa persona? No, en absoluto. Simplemente te hace diferente. Y eso es algo bueno. Mira la naturaleza, rebosante de color y variedad, diferencia y vida. Eso es en parte lo que la hace bella, su riqueza variada y su abundancia diversa. Está claro que es bueno ser diferente, es más, yo diría que reconocer las diferencias y peculiaridades de cada uno de nosotros y abrazarlas es esencial y nos hace libres y fuertes.

Pero si resaltamos nuestras diferencias cuando nos comparamos con otras personas, estamos construyendo barreras invisibles que nos separan de ellas, y así consolidamos nuestra diferencia como algo negativo y cerramos la puerta a nuestra evolución, en lugar de ser conscientes de la maravillosa oportunidad que tenemos de aprender.

Si sólo nos juntamos con personas que son "iguales" a nosotros, aprenderemos poco. Si nos juntamos con los de diferente edad, ideología, cultura, religión, país, sexo, será una oportunidad increíble para ampliar nuestra visión y aprender cosas nuevas.

Creo que éste es el principal problema por el que, habitual y automáticamente, no tendemos a ser más abiertos con los demás: por nuestro rechazo inconsciente a lo diferente, a lo desconocido y por nuestro intenso "amor" a la comodidad. Y no hay que ir muy lejos para verlo, ni para encontrar un caso de diferencias entre países, religiones o culturas. En un mismo país, los de la capital tratan diferente a los de los suburbios, o los de los suburbios tratan diferente a los de la capital, o los de un pueblo se enfrentan al pueblo de al lado y se rechazan mutuamente. Es una pena, pero ocurre hoy en el siglo XXI, y todo por miedo a lo desconocido, a no tener el control de la situación, a cambiar nuestras costumbres o ideales. Así se impide la entrada de nuevos conocimientos, se impide el progreso, se impide la evolución.

No dejes que tu mente te diga lo que tienes que hacer, no la escuches si lo que tiene que darte es desconfianza o miedo. Sigue a tu corazón y a tu instinto natural, ese que hemos ignorado durante tanto tiempo pero que sigue ahí y te empuja a hacer cosas nuevas, a arriesgar y a aprender siempre.

"Nuestro principal propósito en esta vida es ayudar a los demás. Y si no puedes ayudarles, al menos no les hagas daño".

Dalai Lama

Es tan sencillo como eso. Ayuda sin pensar, de forma natural. Y si al principio hay que hacer un esfuerzo porque no sale de forma natural, forcemos entonces la máquina. Todo sea por una buena causa. Puede que para ti no suponga una gran diferencia, pero para esa persona puede significar mucho. Ya has mejorado su día o su jornada, y todo con un simple gesto.

Y cambiándote a ti mismo, ayudas al mundo a cambiar a mejor. Son las pequeñas cosas las que hacen que merezca la pena vivir. Las pequeñas cosas, sumadas a otros "pequeños" actos, pueden hacer cosas inmensas.

No hay pequeña buena acción, no hay buena acción sin recompensa. En mayor o menor medida, toda esa buena energía e intención que diste volverá a ti de una forma u otra, es inevitable. Y así, el ciclo de la humanidad, de la empatía y del compañerismo, seguirá su curso y nunca se perderá. Contagiemos el bien a los demás, permitamos que todo lo que nos rodea sea bondad y buenas intenciones. Así crearemos nuestro propio mundo, nuestras propias reglas.

No dejes que la tormenta te haga olvidar el sol. Y sé hoy el sol para alguien. Sé el que marca la diferencia, sé el que sorprende y hace dudar de la injusticia del mundo real, sé el que devuelve la fe en la humanidad en estos días. Sembremos un poco de fantasía, alegría, afecto y buenos modales en el suelo por donde camina nuestra familia humana, y "sin motivo aparente", sin razón ni fiesta, sin miedo al castigo divino por no actuar correctamente. Hagámoslo porque es lo correcto, porque tratar bien a los demás desencadena cosas buenas, porque es una necesidad imperiosa ayudar a nuestros iguales, y por iguales quiero decir diferentes, y por diferentes quiero decir iguales. Ayudemos a todas y cada una de las personas que se cruce en nuestro camino, siempre que veamos que podemos ayudar o mejorar su vida con una simple sonrisa, con una palabra amable, con un interés sincero, con un detalle. Ninguna muestra de cariño cae en saco roto, es una semilla que hará crecer el árbol de la humanidad y sólo dará frutos de comprensión, respeto, compañerismo y amor.

Ejercicio:

Estate atento a tu día a día, hay alguien a tu alrededor que puede mejorar su día gracias a la ayuda que puedes prestarle, regalándole una sonrisa, ayudándole a empujar el coche o sujetándole la puerta. No pierdas la oportunidad de salir momentáneamente de tu zona de confort y ayudar a alguien hoy mismo. Le alegrarás el día a esa persona y habrás dado un paso más hacia la comprensión de que todos somos iguales e igualmente merecedores de amor, respeto y oportunidades. Sonríe a quien creas que más se lo merece, y a quien no, también. Deslumbra a toda persona que conozcas con tu amabilidad.

Al final, sin darte cuenta, al centrarte en los demás y en su bienestar, habrás olvidado tus problemas, incomodidades y preocupaciones cotidianas. Y eso no tiene precio.

A VECES, MENOS ES MUCHO MÁS

Desde pequeños nuestro cerebro es bombardeado con anuncios de coches, gente guapa, colonias, gente guapa otra vez, más coches, etc. Son un estímulo visual que, como hablamos en el capítulo "Alta Vibración", se van depositando poco a poco en nuestro subconsciente modificando su naturaleza y haciéndonos hambrientos de consumir, cambiar, comprar, tirar... y volver a comprar. No me malinterpreten. Cambiar es bueno, sobre todo si no te sientes a gusto siendo como eres o estando donde estás. Pero si lo tienes aparentemente "todo", llegará un momento en que caigas en la rutina y el aburrimiento, o en la desmotivación y dejes de apreciar y valorar todo lo bueno que te rodea. Entonces, sólo por el deseo de volver a sentir esa novedad y entusiasmo, puedes decidir tirarlo todo por la borda y abandonar lo que tantos años te costó construir. Rechazas lo que amas y lo que has tenido durante tanto tiempo, sólo para tener momentáneamente lo que "quieres" o, mejor dicho, lo que crees que quieres. Y todo, gracias al bombardeo constante de estímulos que alientan tu insatisfacción y agitan tu descontento y ansiedad. Ese es el tipo de cambio al que me refería, aunque más que cambio, creo que es involución.

También en el capítulo *"El placer por el placer"* hablamos de lo importante que es no basar nuestra "felicidad" en placeres pasajeros y superficiales, ya que siempre dependeremos de una fuente externa para volver a sentir ese "bienestar" momentáneo que da el placer.

Una vez más, quiero aclarar que el placer no es malo, si no basamos nuestra vida en él, si no hacemos de él un abuso y una obsesión. El sexo, el alcohol, el dinero, cada uno sabrá como manejarlos. Pero si aquello que en momentos puntuales puede darnos un alivio temporal, lo convertimos en nuestra única fuente de alivio, llegará un momento en que nos dará todo lo contrario. Llegará el día en que nuestro "bienestar" será sólo físico y nuestra mente estará vacía, desmotivada y triste.

Conozco casos de primera mano de personas que nacieron en una familia millonaria, y pasados los 30 están deprimidos, alcohólicos, o con vicios peores.

Reflexionemos sobre estas palabras, porque para mí son un consejo muy importante:

"La felicidad no está en tener lo que quieres, sino en querer lo que tienes".

Confucio

La sobreestimulación y especialmente la obsesión o el deseo de conseguir más y más posesiones materiales no lleva a ninguna parte. O, mejor dicho, no lleva a ninguna parte que merezca la pena. Si queremos tener más y más, al final no valoramos nada. *"Y perderemos la luna, por andar contando estrellas"*.

No se trata de pensar que tenemos menos, sino de sentir que lo tenemos todo.

Aunque sigamos deseando otra cosa o queramos alcanzar más metas, debemos estar constantemente agradecidos para no olvidar de dónde venimos y la gran abundancia que nos rodea y de la que formamos parte a diario.

Siempre habrá alguien que tenga menos que nosotros y será feliz, siempre habrá alguien que tenga más y será infeliz. Por eso debemos ser conscientes de lo afortunados que somos simplemente por estar aquí y ahora, leyendo este libro, en un momento privado de calma y búsqueda interior, investigando, evolucionando y comprendiendo más este maravilloso y complejo mecanismo en el que nos ha tocado vivir, nuestro ser.

Si conociéramos todos los trucos se perdería la diversión, si todo fuera fácil sería aburrido, si tuviéramos todos los tesoros del mundo, un "amor" diferente cada noche, todo el dinero, sexo y vicios que puedas imaginar, nada valdría la pena. Nada valdría el esfuerzo y el sacrificio, el tiempo y la voluntad que se necesitan para conseguirlo. Entonces, ¿cómo podríamos valorarlo?

Hay un refrán que dice: *"Lo que rápido llega, rápido se va"*, o lo que es lo mismo, lo que llegó fácil, igual de fácil o incluso más, se irá. Si no nos ha llevado tiempo conseguirlo, si no hemos invertido parte de nuestra energía y dedicación, si no ha sido "duro" y hemos tenido que centrarnos y ser conscientes, renunciando a tiempo de ocio para conseguirlo, entonces no significará nada. En nuestra cabeza se fijará un marcador mental como diciendo *"bah, lo conseguí rápido y fácil, puedo tenerlo cuando quiera y, como éste, muchos más"*. Entonces pensarás que, si no te funciona, puedes tomar otra y otra sin pararte a disfrutar de la experiencia, sin valorar nada.

Por esta razón y por muchas otras, decidí hacer un capítulo titulado *"Menos es más"*. Aunque pueda parecer un concepto sencillo que se resume en un par de líneas, a menudo nos cuesta asimilarlo.

"Menos es más" no significa pensar que tienes poco, significa sentir que lo que tienes es suficiente, significa estar agradecido por lo que tienes y eres, ser consciente de cuánta belleza y amor nos rodea.

Por eso uso la palabra "piensa" cuando escribo "piensa que tienes poco", y por eso uso la palabra "siente" cuando escribo "siente que lo que tienes es suficiente", porque pensar no tiene por qué implicar consciencia por tu parte, todos pensamos cada día sin tener que formar parte de esa "acción", pensar ocurre la mayor parte del tiempo sin que tengamos que hacer nada.

Pero sentir, eso es otra cosa. La mayoría de las veces es una decisión, aunque no lo veamos así. Primero pienso, consciente o inconscientemente, luego siento, y después viene una sensación. Requiere más participación por nuestra parte.

Si un pensamiento surge espontáneamente en nuestra mente y le prestamos atención durante cierto tiempo, elegimos, sí, elegimos, sentirnos de cierta manera y eso nos da un sentimiento, que puede ser bueno o malo dependiendo del pensamiento y del poder de nuestra imaginación.

Ejercicio:

Fíjate en todo lo que te rodea: ¿tienes casa, familia, trabajo, amigos, pareja, comes más de una vez al día, tienes salud, tiempo libre, puedes hacer ejercicio, leer, ir a un restaurante nuevo? Entonces ya tienes mucho más que el 75% de la población.

Respira hondo y di en voz alta lentamente, mientras sientes el poder de las palabras de gratitud que estás leyendo:

Agradezco este momento y la experiencia que estoy recibiendo. Gracias.

Tengo casa, comida, salud, trabajo, amigos, amor. Estoy rodeado de abundancia y soy muy afortunado, no necesito nada para ser feliz. Ya soy feliz. Vivo feliz.

Sonrío mientras respiro. Y lo doy todo para que los que me rodean también sean felices.

Gracias mundo. Gracias aire. Gracias sol. Gracias vida.

Espero de todo corazón que sientas el poder de estas palabras en tu ser. Recuerda que puedes repetir estas afirmaciones siempre que quieras, u otras que tú mismo inventes para reforzar algo en tu mente. El poder no está sólo en las palabras, sino en su mensaje y en la intención con que se leen.

Eres poderoso. Tienes en tu mente el poder de dar paz a tu alma de muchas maneras y una de ellas la has descubierto ahora. Nunca olvides tu poder.

Somos unos privilegiados. Como decía, el aburrimiento y la depresión son problemas del primer mundo, de Occidente. Sólo que aquí estamos tan distraídos con tantos estímulos externos que no somos capaces de parar y respirar lenta y profundamente durante unos minutos, de sentir nuestro cuerpo, de ralentizar nuestra mente, de cultivar nuestra paz.

LA RECETA DE LA ABUNDANCIA

Abundancia puede sonar a poseer grandes riquezas, vivir en el lujo y despilfarrar el dinero. Pero también es un término espiritual para definir todo lo bueno que recibimos y nos rodea. En mi opinión, ser conscientes de lo afortunados que somos nos hace agradecidos, sentir esa gratitud nos hace felices, y sentir felicidad es la clave de la abundancia.

Para alguien de ciudad, estar en plena naturaleza puede parecer aburrido, carente de la acción y el frenesí de la ciudad. Pero quizá para otra persona de la misma ciudad, del mismo barrio, incluso de la misma familia, estar en una montaña puede ser una experiencia totalmente increíble. El mismo lugar de nacimiento, casi el mismo ADN, ¿y qué cambia? Los ojos que admiran el paisaje, la perspectiva y la percepción.

Aquello en lo que centramos nuestra atención se expande en nuestra vida. Si nos centramos en lo malo, el universo recibirá el mensaje de que nos gusta lo malo y aparecerán más cosas malas. En cambio, si nos fijamos en lo positivo y apreciamos todo lo que somos y todo lo que nos rodea, viviremos en abundancia.

Si paseo por el parque, puedo estar recordando el mal día que he tenido en el trabajo, las pocas ganas que tengo de volver mañana, el tiempo que me queda para terminar ese proyecto tan complicado... Y de repente, a lo mejor pisamos un excremento de perro o nos llevamos un susto al cruzar la calle, porque no estuvimos atentos y no miramos a ambos lados de la calzada antes de pasar, o nos llaman y nos dan una mala noticia. Parece hecho a propósito. En serio, te pasa una cosa mala y parece que detrás viene otra y otra y otra.... Pero no es así, es nuestro filtro que sólo se centra en lo malo y se olvida de todo lo bueno que hay alrededor.

Tal vez, si no hubiéramos estado tan distraídos con nuestros pensamientos mientras paseábamos por el parque, nos habríamos fijado en el día tan fantástico que hacía, o en esas curiosas flores que habían crecido a un lado de la carretera, o en esa niña que jugaba con su perro y se moría de risa cada vez que le traía de nuevo la pelota.

La vida es lo que tú quieres ver. Es una mezcla de acontecimientos espontáneos perfectamente estructurados junto con tu actitud y tu forma de ver las cosas.

La actitud lo es todo, dicen, y no se equivocan. El mismo acontecimiento que puede resultar aburrido o desagradable para uno, puede ser una maravilla y un auténtico placer para otro. Sí, somos diferentes, pero si no soy capaz de observar, apreciar y agradecer la inmensa abundancia que me rodea, ¿no será mejor que aprenda a pensar de otra manera para poder verla?

"Cuentan de un sabio que un día
era tan pobre y miserable
que sólo se sustentaba
con unas hierbas que recogía. ¿Habrá
otro, se dijo,
más pobre y triste que yo?
y al volver la cara
encontró la respuesta, al ver
que otro sabio recogía las hierbas
que él arrojaba.

Quejándome de mi fortuna
Yo vivía en este mundo, y cuando me dije: "¿Hay
otra persona
de fortuna más problemática?
Pío me has respondido.

Pues, volviendo a mi sentido,
encuentro que hubieras
recogido
mis penas
para hacerlas alegrías
"

Pedro Calderón de la Barca "La vida es sueño" Siglo XVII

Lo que para unos son sobras, para otros es comida. Lo que para ti puede ser incomodidad, para otro puede ser aprendizaje. Lo que para unos es infierno, para otros es esfuerzo y voluntad. Y, si no puedes, como otros, apreciar la abundancia que nos rodea después de leer estos versos, entonces sé otro. Cambia. Medita, evoluciona, aprende, transfórmate. Sé otro. Sé el que quieres ser. El que disfruta tanto de un día lluvioso como de uno soleado, el que lleva una sonrisa a quien lo necesita y le cambia el día. El que ayuda sin esperar recibir nada. Sé quién quieres ser, pero si aún no lo eres, empieza ahora, porque apenas queda tiempo para darte cuenta de que lo que se ha ido es lo que realmente merece la pena. El tiempo, las experiencias, el amor, las risas, la amistad, la vida. Si tú no estás aquí para vivirla, otro lo hará. Pero no serás tú, será otro. Así que si no te gusta este día, no importa cómo se vea, si estás harto de tu trabajo y aún así sigues en él, si no puedes reír a carcajadas sin motivo, si no puedes sonreír a un extraño, entonces sé otra persona.

La abundancia existe en todas las formas y niveles. Es comida, es energía, es amor, es música, es alegría, es vida. Es tener una conversación increíble con alguien que acabas de conocer y sentir que ya lo conocías de antes. Es caminar por una calle desconocida y descubrir un restaurante de comida extranjera y entrar para descubrir sabores exóticos. Es descubrir a un cantante nuevo y que te encanten casi todas sus canciones. Abundancia es viajar a un país que no conocías y darte cuenta de que te sientes como en casa y te gustaría vivir allí. Pero nada de esto sucederá si no eres capaz de saborear esa abundancia, si por encima sólo ves las nubes negras. A veces ni siquiera están ahí, pero las creamos de todos modos. Porque pensamos, actuamos y materializamos. Así que somos creadores de nuestra realidad hasta cierto punto. Nunca nos enseñaron a escribir nuestro destino en la escuela, no supieron enseñarnos a dibujar nuestra vida, pero nunca es tarde para aprender.

Ejercicio:

Vuelve a casa después del trabajo o al terminar la jornada y siéntate en un lugar cómodo. Respira lenta y profundamente un par de veces. Abre tu libreta o cuaderno favorito y anota la fecha del día. Escribe dos cosas buenas que te hayan pasado hoy, algo que te hayan dicho o que hayas sentido, algo que haya sucedido o que hayas notado. Algo diferente y positivo. Si te sientes seguro, escribe más, todas las que quieras. Ahora léelas de nuevo, ¿qué sensación te producen?

Repite este ejercicio todos los días durante un mes. De este modo, estamos educando la mente para que se centre en lo bueno de nuestra vida. De este modo eliminamos la negatividad y la depresión o insatisfacción. Así aprendemos a ser conscientes de la abundancia infinita que nos rodea y de la que formamos parte constantemente.

INTERPRETACIÓN OBJETIVA

Cuando presenciamos las acciones de alguien o nos cuentan una historia que acaba de suceder, es inevitable o, mejor dicho, casi imposible no juzgarlo. Nos parece bien, bien, mal, horrible, pero no suele dejarnos indiferentes. Tenemos que expresar nuestra opinión. Es nuestra forma de empatizar o de diferenciarnos, de exponer nuestros ideales y de defender nuestra identidad. Y eso es totalmente válido. Pero hay algo muy interesante que pensar sobre esto:

Cuando creamos algo bueno, es decir, cuando en nuestra mente establecemos que un hecho o un concepto es correcto, o que lograr algo determinado es lo ideal, sin quererlo, también estamos creando algo malo, porque damos vida a su opuesto. Es decir, la ausencia de aquello bueno que quisiéramos lograr es algo negativo. Por ejemplo, si queríamos terminar la carrera (algo bueno) y finalmente no pudimos hacerlo (algo malo) porque nuestro padre enfermó y tuvimos que ponernos a trabajar antes de terminar los estudios, nos sentiremos mal. Eso que era tan bueno no se cumplió o no lo conseguimos y entonces no nos sentimos bien. Inconscientemente, hemos programado nuestra mente con la creencia de que está mal que consigamos lo contrario de lo que queríamos, o que no consigamos lo bueno que queríamos. "No conseguí ese trabajo que quería", "tengo treinta años y aún no me he casado", "quería haber tenido hijos antes de los treinta y cinco", etc.

Evidentemente, se trata de hechos frustrantes que a cualquiera le disgustarían o bloquearían temporalmente. También hay actos que son indiscutiblemente malos y no hay otra forma de verlos, crímenes, asesinatos, agresiones sexuales y un largo etcétera. Eso no se puede negar. Pero lo que nos importa aquí son los hechos de nuestro día a día.

El concepto de interpretación neutra es sencillo de explicar y complicado de aplicar, porque debemos enfrentarnos a los condicionamientos mentales humanos que nos han pasado factura durante siglos, por lo que será necesario ser muy conscientes de nuestras reacciones inconscientes.

La interpretación neutra consiste en permanecer ante nuestra personalidad y nuestro juicio, donde algo no es ni bueno ni malo, simplemente ES. Y eso, créanme, ya es bueno. Significa mantenerse alejado de la mente y de sus engaños y no permitirle que desarrolle juicios que no nos llevan a ninguna parte o que no nos conducen a nada bueno.

Por ejemplo, si voy conduciendo por la carretera y una persona se me cruza peligrosamente, utilizaría el claxon para advertirle acústicamente. Si entonces, de repente, cambia de carril y frena, llega a mi altura y me grita, me insulta o hace gestos agresivos con las manos, podría seguir su corriente energética y gritarle e insultarle también, haciéndome cómplice de su mal comportamiento y pagando yo, al menos energéticamente, las consecuencias de sus errores. Por último, podría acabar incluso peor, porque durante el enfado no estoy concentrado al 100% en la carretera y me estoy poniendo en riesgo de provocar un accidente.

Pero en lugar de eso, también podríamos respirar hondo, o sonreír y hacer un gesto expresando nuestras disculpas, aunque ni siquiera haya sido culpa nuestra, y continuar nuestro camino sin más complicaciones. De esa forma, no permitiríamos que su mala energía nos afectara y contaminara, y podríamos continuar nuestro camino ilesos y con nuestra vibración intacta. Nada puede afectarte si tú no lo permites. Como dice el dicho popular, *"no ofende quien quiere sino quien puede"*. Pues bien, no permitas que te ofendan. No se trata de estar a la defensiva, de resistirse. Se trata de aceptar y dejar pasar. Identificar ese comportamiento como inútil y dejarlo ir por donde vino.

"El monje y su discípulo caminaban por la calle cuando, de repente, un

---

hombre pasó corriendo y golpeó brutalmente al maestro, tirándolo al suelo.

¡Maestro! -gritó el discípulo alarmado mientras ayudaba a su maestro a ponerse en pie-, ¿estás bien?

El viejo monje se levantó tranquilamente, se sacudió el polvo de la túnica y reanudó la marcha sin reacción ni queja alguna por su parte.

¡Pero maestro! -exclamó en voz alta el alumno-, ¿quién era ese hombre? Ni siquiera lo miraste, ¡ni siquiera sabes quién es ni por qué lo hizo!

Es tu problema, no el mío", respondió tranquilamente el profesor.

Un cuento de la tradición Zen

El problema no es nuestro hasta que decidimos hacerlo nuestro reaccionando negativamente. No hay que reaccionar, hay que actuar, aceptando lo que ocurre y dejándolo pasar o ignorándolo, y a veces, ni siquiera es necesario actuar.

Todo esto no tiene nada que ver con dejarse humillar o permitir que abusen de uno, ni mucho menos. En la vida casi nunca es blanco o negro, sólo diferentes tonos de gris.

"Si tienes 86400 euros y alguien te roba 60, ¿tirarías los otros 86340? No, ¿verdad? Ahora imagina que, en lugar de 86400 euros, tienes 86400 segundos,
exactamente los segundos que dura un día. Así que dime ¿desperdiciarías los 86340 segundos que te quedan después de que alguien te haga perder 60 segundos de tu tiempo con su mala actitud o sus malas intenciones?".

Texto extraído, traducido y versionado por Marc Levy, de su libro "Et si c'était vrai (Y si fuera verdad)" año 2000.

Piénsalo así la próxima vez que te sientas lleno de ira o rabia por la mala actitud o el abuso de alguien, y medita profunda y sinceramente sobre si merece la pena perder todo el día enfadado o amargado, sólo porque alguien te quitó 60 segundos de tu tiempo con sus malos modales, intenciones o palabras.

Ejercicio:

Siempre que te veas acosado por malas energías, oigas duras críticas o veas peligrar tu estabilidad emocional o energética, simplemente aléjate. Y tanto si es posible alejarse como si no, no lo interpretes, no acuses, no juzgues. Concéntrate en tu respiración, siente tu cuerpo. Puedes decirte a ti mismo:

"No eres mía, no me perteneces, no te quiero aquí".

O simplemente:

"¡No me trae nada después!"

O también:

"¡Gracias por participar! Nos pondremos en contacto contigo".

Tú eres el creador y el destructor, el principio y el fin de todo lo que deseas o no deseas tener en tu vida. Utiliza tus pensamientos a tu favor y no dejes que te utilicen, porque créeme que lo harán, si llegan y no encuentran a alguien al timón del barco.

LEY DE LA ATRACCIÓN

Somos seres creativos, nunca me cansaré de repetirlo. Como dijimos en el capítulo *"Alta Vibración"*, **los pensamientos son la materia prima para materializar nuestros sueños.** Tenemos el poder de convertir algo etéreo, algo sin forma, en algo tangible y físico en el mundo real. Si decidimos estudiar una carrera porque queremos ser periodistas, por ejemplo, iremos a clase durante años, estudiaremos, haremos exámenes y finalmente obtendremos el título. Buscaremos trabajo y al final acabaremos trabajando como periodistas. Lo hemos conseguido. Algo que sólo existía en nuestra cabeza se hizo realidad con nuestros actos.

La inmensa mayoría de nosotros desconocemos este gran poder. No nos lo mostraron de niños ni nos enseñaron a utilizarlo. Sin embargo, a lo largo de nuestra existencia, hay momentos en los que te das cuenta de que hay algo más que influye en tu vida que el azar o los sucesos aleatorios. Estabas pensando en un amigo de toda la vida con el que hacía semanas que no hablabas y, de repente, te llama. O conoces a alguien por primera vez, y al día siguiente vuelves a coincidir con él en otro lugar, o estás buscando trabajo y en una conversación alguien te ofrece una oportunidad única. Algunos lo llaman casualidad, otros causalidad, **Carl Jung** lo llamaba *"sincronicidad"*.

La sincronicidad es la forma que tiene el universo de decir sí. Es cómo sabes que estás en el lugar adecuado, en el momento adecuado y con la persona adecuada. Si aprovechas al máximo ese momento, seguramente obtendrás una valiosa lección o podrás enseñar o ayudar a alguien de alguna manera. Cuando te quedas pensando *"¡cómo es posible, qué casualidad! "*, entonces es el momento ideal para estar plenamente consciente y alerta de lo que está sucediendo. Puede ocurrir algo especial, una oportunidad para desarrollarte o evolucionar a nivel laboral, emocional o ambos.

Nuestro subconsciente gobierna nuestra vida. La acumulación de experiencias, recuerdos, estímulos y otros factores, programan nuestra parte inconsciente durante nuestra estancia en la Tierra. Toda esta información crea una versión única de nuestra identidad, una percepción individual que nos hace reaccionar de una forma u otra ante los acontecimientos cotidianos. Esta serie de impulsos o reacciones automáticas es inconsciente y afecta a nuestra perspectiva del mundo de manera definitiva, alterando la forma en que vemos lo que nos rodea.

Si tuvimos una infancia dura, puede que desconfiemos de alguien que quiere abrirse a nosotros o que nos trata bien o, por el contrario, puede que a la mínima oportunidad que veamos para confiar en alguien, lo hagamos a ciegas y sin esperar a que esa confianza se genere de forma natural, lo que puede provocar que la otra persona se asuste y huya.

Gran parte de nuestra vida está absolutamente regida por el inconsciente, y no nos damos cuenta porque siempre ha sido así. Pero, ¿y si pudiéramos influir en el subconsciente de forma natural y crear así una versión más positiva y feliz de nosotros mismos? Eso es posible, pero como casi todo lo bueno en la vida, requiere esfuerzo y compromiso.

"La utopía está en el horizonte. Camino dos pasos, se aleja dos pasos y el horizonte corre diez pasos más. Entonces, ¿para qué sirve la utopía? Para eso sirve, para caminar.

Eduardo Galeano

No vamos a conseguir la mejor versión de nosotros mismos en un abrir y cerrar de ojos, de la noche a la mañana. Si así fuera, no serviría para nada y probablemente nos aburriríamos al cabo de un tiempo y volveríamos a ser como antes. El buen vino tarda años en madurar. Una buena relación se consolida con tiempo, cariño, comprensión y detalles. Un árbol resistente y frondoso se riega con amor y tiempo, no sólo con agua. Así que no esperemos poder cambiar todos nuestros problemas de comportamiento o percepción con la velocidad del rayo.

Hay una frase que escribí hace tiempo que me gusta recordar cuando tengo un pensamiento negativo o que me motiva a centrarme en cosas que son injustas o que no me aportan nada:

"La perfección no existe. Si lo aceptas, todo se vuelve perfecto".

Chris Díaz

Lo que debería ser perfecto no es el mundo que nos rodea, sino nuestra forma de observarlo y apreciarlo. Todos cometemos errores, incluso en la naturaleza suceden cosas que, desde nuestra perspectiva, pueden parecer crueles y devastadoras. Pero el mundo no es como es, sino como lo miras.

Si cambias tu forma de ver el mundo, tu mundo cambiará.

Ejercicio:

Si queremos conseguir un objetivo grande o a largo plazo, es muy útil e importante marcarse aquellas pequeñas tareas o metas necesarias para alcanzar el objetivo final. Paso a paso, conseguiremos grandes cosas. La mejor manera de llegar a alguna parte es empezar a caminar. Disfruta del enriquecedor viaje de aprendizaje y crecimiento personal. Pocas personas son lo suficientemente valientes como para aventurarse en este camino para evolucionar en diferentes aspectos.

1° En una página de tu nuevo, brillante y potente cuaderno, escribe el título de lo que te gustaría conseguir, algo grande. El trabajo de tus sueños, tu plan de vida, tus metas deportivas, tu casa ideal, tu libertad financiera... ahora escribe bajo ese importante título todas esas pequeñas metas o actividades necesarias para conseguirlo. No escatimes en detalles. Ahora ya sabes que lo que quieres conseguir tiene un gran valor y lo agradecerás cuando lo consigas. Ve poco a poco, día a día, cumpliendo las pequeñas metas del cuaderno para acercarte a tu gran objetivo. Si en alguna parte sientes que no avanzas, prueba nuevas estrategias, diferentes formas de conseguirlo: estudia, investiga, consulta a quienes ya saben o están teniendo éxito en algo similar y versiona lo que hicieron para lograrlo. Al ponerlo por escrito, ya estamos empezando a materializarlo para hacerlo realidad.

2º Repite diariamente en voz alta lo que quieres conseguir y por qué lo quieres, como si ya lo hubieras conseguido. Imagínate en esa situación, con tu objetivo cumplido, con todo detalle. Visualiza cómo vestirías, cómo hablarías, qué casa tendrías y lo más importante, cómo te sentirías. Escríbelo todo y repítelo en voz alta como si ya lo tuvieras. Sin dudarlo, con pasión y voluntad. Combina estas técnicas y conseguirás todo lo que te propongas. Agradece todo este proceso de crecimiento y siente el poder creativo que emana de tu interior. Esa es la forma de atraer lo que desees a tu vida, convirtiéndote en su imán.

Puedes conseguir cualquier cosa que te propongas con voluntad y perseverancia.

PENSAR MENOS Y SENTIR MÁS

Observa cómo, cada vez que recibes una buena noticia y la celebras, el tiempo pasa volando, se te ocurren los mejores chistes, estás agradecido y feliz, y compartes esa buena energía y afecto con todos los que te rodean. No hay tiempo para que la mente interrumpa con su constante murmullo y suelte pensamientos sin sentido. Estamos demasiado ocupados viviendo el ahora, el presente o, lo que es lo mismo, pensando menos y sintiendo más. ¿Y no crees que sería increíble vivir cada momento de tu vida así, o al menos la mayor parte de ella?

Eso es muy posible, si nos concentramos y observamos en qué momentos de nuestra vida estamos en *"piloto automático"* y en qué momentos decidimos totalmente lo que estamos haciendo. Si estamos distraídos, pensando en nuestras preocupaciones o problemas, mirando el móvil o la televisión, la mente trabaja para nosotros, apenas tenemos decisión en su funcionamiento. Nuestra apreciación de la realidad disminuye y entramos en un bucle de indiferencia y apatía y, sobre todo, de poca creatividad y productividad.

Si, por el contrario, estamos concentrados en una tarea, un deporte, un trabajo interesante o una charla profunda con alguien, estamos viviendo el ahora, estamos siendo más ALMA que MENTE, estamos pensando menos y sintiendo más. Es una especie de meditación en acción, ya que no permitimos que la mente contamine el momento con sus interferencias habituales y damos rienda suelta a nuestra pasión y creatividad. Esa es mi forma de verlo y la que más me ha ayudado a centrar mi energía en vivir el presente, que es donde todo sucede.

Si dedicas parte de tu energía a educar tu mente, sanarás el alma.

Cuando nos damos cuenta de que los pensamientos surgen espontáneamente en nuestra cabeza, sin motivo ni desencadenante, y que muchas veces no nos aportan nada ni nos llevan a actuar o reaccionar de forma negativa, estamos siendo conscientes. Estamos sintiendo. Estamos siendo más alma que mente. Ese es el momento mágico en el que nos damos cuenta de que nuestra mente inconsciente no representa nuestra identidad, pero sí nuestra mente consciente. Puesto que es con ella con la que tenemos elección, es siendo conscientes cuando tomamos las mejores decisiones, cuando combinamos razón y experiencia, pensamientos y sentimientos, mente y alma. Si todo fuera impulso sin conciencia seguiríamos siendo animales y tendríamos que matarnos para sobrevivir.

Quizás, a veces no podemos elegir en qué pensar, puesto que el plato ya está servido en la mesa, pero sí podemos elegir qué "alimentar", es decir, podemos elegir a qué pensamientos prestar atención, cuáles merece la pena desarrollar y dedicarles un tiempo que nunca recuperaremos.

Veámoslo de esta manera: Estoy pensando en algo que no es bueno para mí, algo que tal vez ni siquiera ha sucedido, un miedo o una preocupación. Cuando imaginamos algo, el inmenso poder de nuestra mente lo hace sentir como si ya estuviera ocurriendo, pone a trabajar cada célula en ese pensamiento y todo el sentimiento, negativo o positivo, nos inunda y gobierna. El sistema se llena de hormonas producidas por las emociones y dejamos de ser conscientes de lo que pensamos y entramos en bucle. No dejes que eso ocurra. Corta el proceso cuando quieras. Somos animales emocionales en su mayoría, no racionales, porque cuando una emoción ha llegado a nuestra cabeza, el razonamiento lógico desaparece.

Fíjate en las emociones negativas que tanta destrucción han causado en el planeta: la codicia, la sed inagotable de dinero y la corrupción, el fanatismo religioso, el poder, el abuso y el control, la envidia... no conducen a nada bueno y consumen a su dueño hasta la médula.

Ejercicio:

Cuando algún pensamiento que no nos agrada llama a la puerta, no nos preocupemos, no sintamos, no le demos valor ni significado, no le prestemos atención más de lo necesario. Tal como vino, déjalo pasar. Dirige tu atención a otra cosa. Hasta aquí hemos explicado diferentes técnicas a lo largo de este libro para centrar tu mente en el ahora y creo que ya tienes las herramientas necesarias para empezar a conseguirlo. Todo se reduce a esto: cuando te venga algún pensamiento inconsciente negativo, sé consciente positivamente. Cuando PIENSES algo malo, HAZ algo bueno. En otras palabras, no dejes que la mente te lleve de paseo, llévala a donde tú quieras. Utiliza las técnicas descritas en capítulos anteriores: toca la pared y siéntela, o tu cuerpo o tu ropa y observa cómo se sienten, concéntrate en tu respiración, canta, tararea, habla en voz alta, di "no me interesa, gracias y buen día", haz ejercicio, escribe en tu cuaderno de poder "nada malo se queda conmigo". Y de repente, más rápido de lo que puedas darte cuenta, habrá desaparecido. Tienes unas cuantas formas de conseguirlo, elige la que te resuene o te atraiga, la que te convenga o tenga sentido para ti.

No están aquí todas las técnicas para vivir el presente, ni son las únicas que existen. Seguro que hay muchas más y puede que descubras o inventes más por el camino. Las técnicas aquí descritas son las que a mí me funcionaron y me siguen ayudando hoy en día. Espero, de todo corazón, que aligeren tu peso y te permitan volar más libre.

Gracias por estar aquí y ahora.

REFLEXIÓN FINAL

El viaje a través de este libro ha concluido, pero tu viaje interior de superación y desarrollo no ha hecho más que empezar, o continuar hasta el final del camino.

Esa es una de las grandes bellezas de la vida: nutrirnos de nuestro entorno para mejorar a todos los niveles. Ser capaces de mirar hacia dentro cuando sentimos que algo nos preocupa, nos hará comprender mejor cómo funcionan nuestras emociones, nuestra salud, nuestra mente y nuestra alma.

Si damos alimentos sanos y positivos a nuestra mente, las repercusiones serán positivas en muchos aspectos. Nuestra energía y fuerza de voluntad aumentarán, así como nuestra concentración y estado de ánimo mejorarán. También dormiremos mejor, tendremos un buen día y, de este modo, crearemos un ciclo de bienestar que mejorará enormemente nuestra vida.

Del mismo modo, si elegimos bien a qué pensamientos prestar atención para que sólo se desarrollen aquellos que nos aporten algo positivo, nuestra mente estará más tranquila y libre de estrés y ansiedad. Podremos funcionar mejor en el trabajo, mejorará nuestra capacidad para tomar decisiones, seremos más positivos, etc.

"Al calor de la hoguera, un viejo indio le contaba a su nieto:
En nuestro corazón hay dos lobos luchando. Uno de ellos es un lobo furioso, violento y vengativo. El otro está lleno de amor, gratitud y compasión.
El nieto preguntó: "Abuelo, ¿cuál de los dos ganará la pelea?
El abuelo respondió: "El que yo alimente.

Antiguo cuento Cherokee

No debemos culparnos por lo que pensamos inconscientemente, pero sí responsabilizarnos de lo que sentimos, ya que requiere más participación por nuestra parte. El pensamiento puede surgir por sí solo, pero le permitimos ganar fuerza y desarrollarse prestándole toda nuestra atención. Elige sabiamente lo que quieres ver crecer en ti.

Del mismo modo, nuestra alma también pide un "alimento" adecuado. Cuidando nuestra mente de diferentes maneras, el alma se sentirá en paz, feliz, agradecida y podremos recurrir a ella cuando la mente nos "traicione". El alma es nuestro rincón, donde todo está bien, donde no hay interferencias ni problemas, estrés ni sufrimiento, y podemos llegar a ella cuando vivimos el ahora sin distracciones.

Pensar es de la mente, sentir es del alma. Si elegimos abrazar y desarrollar sólo pensamientos positivos, el alma nos dará sensaciones y sentimientos de felicidad y bienestar. Parece sencillo, pero puede ser un poco más complejo ponerlo en práctica, como todo lo bueno de la vida que perdura en el tiempo. Una vez que descubras tu verdadero poder, la vida será una experiencia enriquecedora y abundante a cada paso. No dejes que se te escape la oportunidad de vivir mejor.

Recuerda respirar profunda y lentamente y centrar tu atención en tu cuerpo siempre que sientas estrés o ansiedad o pienses demasiado. **La misma energía que te altera es la misma que puede calmarte.** Sólo tienes que aprender a dirigirla y utilizarla a tu favor.

Gracias por elegir mi libro

Espero sinceramente que hayas disfrutados del viaje a través de las páginas de este libro y que mis experiencias te ayuden y motiven a recorrer tu propio camino hacia el crecimiento personal, la salud mental y la felicidad.

Ayúdame a ayudar

La mejor forma de apoyarme es gracias a una reseña o valoración positiva de mi libro en la página donde lo has conseguido. Solo te llevará unos segundos hacerlo, pero significa mucho para mí.

Una buena valoración tuya ayuda a que mi trabajo llegue a más gente y afecte positivamente sus vidas, salud y bienestar.

Te deseo un feliz viaje, paz y abundancia,
Max Cureton

www.ingramcontent.com/pod-product-compliance
Lightning Source LLC
Chambersburg PA
CBHW071026120626
46546CB00003B/1238